육예강목 六藝綱目

육예강목 六藝綱目

서천민 지음 ― 송갑준 옮김

한국학술정보

　六藝는 중국 周代에 행해지던 禮·樂·射·御·書·數의 여섯 종류의 교육과목이다. 중국 고대의 교육제도는 주나라 때 周公에 의해서 완비되었는데, 六藝는 六德(知·仁·聖·義·忠·和) 그리고 六行(孝·友·睦·姻·任·恤)과 함께 중요한 교육과정이었다. 이 세 가지의 교육과정을 합쳐 향삼물(鄕三物)이라 하는데, 주나라에서는 大司徒가 향삼물로써 萬民을 가르쳤으며 그 가운데에 우수한 자를 천거하여 관리로 등용하였다(『周禮』·「地官」·大司徒).

　육덕과 육행이 德行과 관련이 있다면 육예는 知的 制度的인 것으로 이에 대한 지식이 없으면 관리로서의 업무를 수행할 수 없는 내용이다. 또한, 六藝는 禮로써 中을 가르치고 樂으로써 和를 가르친다는 말에서도 표현되듯이 德行의 수양 공부에도 관계가 있으므로 周代 이래로 매우 중요시 여겨왔다. 공자는 제자들을 교육하는 데 이 육예를 중시하였다. 『史記』「孔子世家」에 공자의 제자 3,000명 중에 육예에 통달한 자는 72명이라는 기록이 있다.

이 육예에 대한 지금까지의 연구 성과는 禮·樂·射·御·書·數의 각 항목에 대한 사전적 해설 외에는 각 항목의 기원과 구체적 내용에 관한 연구는 없었다. 역자는 그 구체적 내용이 무엇인가를 탐구하던 중에 『欽定四庫全書』 經部十 小學類三 附錄에 元나라 舒天民이 撰한 『六藝綱目』이란 典籍(筆寫本)을 발견하고 번역에 착수하였다. 번역 과정에 『사고전서』에 수록된 필사본에는 誤脫字가 많아 바로잡아가며 번역을 마친 후에 淸, 道光十九年에 발간한 목판본을 1985년에 中華書局에서 발행한 영인본이 있음을 알고 서로 비교 대조해 가며 번역하였다. 영인본은 필사본보다 오·탈자는 거의 없지만 書 부분의 篆書는 부정확하여 이 전서는 필사본의 것을 사용하였다.

　　이 『육예강목』을 통해 주나라 문물제도의 근간인 禮·樂의 기원과 그 구체적 내용을 이해하는 데에 도움이 될 것이다.

　『주례』・「지관」・'대사도'에 "以鄕三物敎萬民而賓興之. 一曰六德 知仁聖義忠和, 二曰六行 孝友睦婣任恤, 三曰六藝 禮樂射御書數[鄕學의 세 가지 교육과정으로 모든 백성을 가르쳐서 우수한 학생은 鄕飮酒의 禮로서 빈객으로 천거하였다. 그 하나가 六德, 즉 사람으로 갖추어야 할 여섯 가지 德으로 知仁聖意忠和이고, 그 둘이 六行, 즉 사람이 실천해야 할 여섯 가지 행실로, 孝友睦婣任恤이며, 그, 셋은 六藝, 즉 선비로서 배워야 할 여섯 가지 기예로서 禮樂射御書數이다]"라는 기록이 있다.

　『주례』・「천관」・'大宰'에 "以九兩繫邦國之名. (…) 四曰儒以道得民. (…)"이란 기사가 있는데 鄭玄의 注에 "儒 諸侯保氏, 有六藝以敎民者[儒는 제후의 保氏로 六藝로써 백성들을 가르치는 자이다]"라고 하였다.

　또 『주례』・「지관」・'保氏'에 "掌諫王惡 而養國子之道, 乃敎之六藝[保氏는 왕의 나쁜 점을 간하며 國子의 도를 가르침에 육예로써 가르치는 일을 담당한다]"라는 기록이 있다.

　六藝는 중국 주대의 鄕學 교육과정의 하나로서 儒(선비)가 익혀야 할 여섯 가지의 技藝이다. 이 육예를 익혀야만 벼슬을 할 수 있고 백성들의 마음을 얻을 수 있다. 말하자면 儒者가 꼭 배워야 할 여섯 가지의 지식과 기술로, 이 지식과 기술을 습득하여야 벼슬에 나아가서 백성들을 제대로 다스릴 수 있다.

육예의 첫 번째 교육과정인 禮는 五禮로서 나라에서 지내는 다섯 가지 의례이다. 五禮는 나라의 귀신인 神氣(神祇)를 섬기는 12가지의 吉禮, 나라의 근심을 슬퍼하는 5가지의 凶禮, 나라의 빈객을 예의를 갖추어 접대하는 8가지의 賓禮, 백성을 동원하고 그들을 통제하기 위한 5가지의 軍禮, 임금·왕세자·왕세손의 성혼·즉위·冊封 때의 예식인 6가지의 嘉禮가 있다.

육예의 두 번째 교육과정인 樂은 六樂으로서 중국 고대 임금의 聖德을 노래하는 음악이다. 황제를 칭송하는 云門, 요임금을 칭송하는 大咸(咸池), 순임금을 칭송하는 大韶, 우임금을 칭송하는 大夏, 탕임금을 칭송하는 大濩, 무왕을 칭송하는 大武가 그것이다.

육예의 세 번째인 射는 五射로서, 화살을 쏘는 기술과 예의이다. 화살이 과녁에 적중하여 그 촉이 희게 나타나는 것이 白矢, 먼저 하나의 화살을 쏘고 이어서 세 개의 화살을 연속해서 쏘는 것이 叅連,

깃머리(羽頭)가 높고 촉이 낮은 화살이 빛나면서 날아가는 것이 剡注(염주), 신하가 임금과 함께 활을 쏠 때 나란히 서지 않고 임금보다 아래쪽으로 한 자 떨어져서 쏘는 襄尺, 네 개의 화살이 과녁을 井 자 모양과 같이 적중한 井儀가 그것이다.

육예의 네 번째인 御는 五御로서, 말(馬)과 수레를 모는 기술과 예절이다. 말이 나아가면 수레에 달린 방울이 서로 화응하는 것을 鳴和鸞이라고 하며, 수레를 몰면서 방향을 전환할 때 물의 흐름이 굴곡을 따르듯이 기울거나 흔들리지 않는 것을 逐水曲이라 하고, 거마가 군주 앞을 통과할 때 수레를 모는 법을 過君表라고 하며, 교차로에서 수레를 돌릴 때 춤추는 절도에 따라 자연스럽게 하는 것을 舞交衢하고 하며, 수레로 사냥감을 몰 때 임금이 쉽게 쏠 수 있도록 하는 것을 逐禽左라고 한다.

육예의 다섯 번째인 書는 문자(한자)가 만들어지고 활용되는 방법인 六書이다. 日·月·木과 같이 사물의 형태를 본뜬 象形, 둘 이상의 글자를 합하여 한 글자를 만들어 그 뜻을 합성한 會意, 한 글자의 뜻을 다른 의미로 전용하는 轉注, 上, 下와 같이 그 글자의 모양이 바로 그 글자의 뜻을 나타내는 指事, 어떤 뜻을 지닌 음을 표기하는데 합당한 글자가 없을 때 뜻은 다르지만, 음이 같은 글자를 빌려 쓰는 假借, 江·松·河와 같이 두 문자를 결합하여 한쪽은 뜻을, 다른 한쪽은 음을 나타내는 諧聲(形聲)이 그것이다.

육예의 여섯 번째인 數는 九數로서, 수학상의 아홉 가지 계산 방식을 말한다. 田地의 측량에서 가로와 세로를 고르게 하는 方田, 물물교환의 비례를 계산하는 粟米, 品級의 차이가 있는 물품을 고르게 할당하는 衰分, 면적과 부피를 계산하는 少廣, 공사에 있어서 工力과 工程을 계산하는 商功, 舟車와 人馬의 운임을 원근에 따라 계산하는 均輸, 나머지와 按分比例에 관한 계산법인 盈朒, 방정식에 관한 계산법인 方程, 삼각 도형의 계산법인 句股가 그것이다.

중국 고대의 교육제도는 주나라 周公에 의해 완비되었는데, 六藝는 六德·六行과 함께 중요한 교육과정이다. 이 세 가지를 통칭하여 鄉三物이라고 하는데, 周代에서는 대사도가 향삼물로써 만민을 가르쳤으며 그 가운데에서 훌륭한 자를 천거하여 등용하였다. 육예는 禮로써 中을 가르치고 樂으로써 和를 가르친다고 하여 덕행에 관계되는 인격 수양의 공부이기 때문에 매우 중요시하여 공자가 제자들을 교육하는 데에도 그 중요한 내용이 되었다. 『史記』·「孔子世家」에는 "孔子以詩書禮樂敎, 弟子蓋三千焉. 身通六藝者 七十有二人[공자는 詩書禮樂으로써 가르쳤는데 제자가 모두 3,000명이었고 그중에 육예에 통달한 자가 72명뿐이었다]"라는 기사가 보인다.

● 일러두기

1. 이 책은 元 舒天民 撰(舒恭 注, 趙宜中 附注) 『六藝綱目』을 우리말로 옮기고 주석을 붙인 것이다.

2. 판본은 필사본(欽定四庫全書 經部十 小學類三 附錄 『藝綱目』)과 목판본(淸, 道光十九年)을 1985년에 中華書局에서 발행한 영인본을 대본으로 사용하였다. 필사본에는 誤・脫字와 九數 부분의 계산에 오류가 많아 그 부분은 영인본을 참고하였다. 한편 영인본에도 脫・誤字와 순서를 필사본과 달리한 부분이 있으며 특히 篆文은 필사본이 정밀하여 필사본을 따랐다.

3. 원문에는 章節의 표시를 내려쓰고 올려 쓰기로 하였으나 번역문에서는 여러 종류의 數字(고딕체, 괄호, 圓)로 표시하였다.

4. 文物制度(문물제도)에 관한 용어는 일일이 번역하지 않았고 필요할 때는 주석을 붙였으며, 원문의 내용은 원뜻을 잃지 않는 범위 내에서 의역하는 데에 힘썼다.

5. 서명과 인명은 되도록 저자와 생몰 연대를 밝히려고 노력하였다.

6. 오역이 있을 것이다. 질정을 바란다.

目 錄

역자의 말 · 4

해제 · 6

육예강목

제요(提要)   15

원서(原序)   18

제사(題辭)   27

육예강령(六埶綱領)   29

육예조목(六藝條目) 권상(卷上)   32

　　一. 오례(五禮)   32

　　　(1) 길례(吉禮)   34

　　　(2) 흉례(凶禮)   52

　　　(3) 빈례(賓禮)   56

　　　(4) 군례(軍禮)   62

　　　(5) 가례(嘉禮)   67

二. 육악(六樂)　　　　　　　　　　　　　　　　　77

　　(1) 황제지악(黃帝之樂): 운문(云門), 대권(大卷)　　85

　　(2) 당요지악(唐堯之樂): 대함(大咸), 함지(咸池)　　86

　　(3) 우순지악(虞舜之樂): 대소(大韶)　　　　　　　87

　　(4) 하우지악(夏禹之樂): 대하(大夏)　　　　　　　87

　　(5) 성탕지악(成湯之樂): 대호(大濩)　　　　　　　88

　　(6) 무왕지악(武王之樂): 대무(大武)　　　　　　　89

三. 오사(五射)　　　　　　　　　　　　　　　　　94

　　(1) 백시(白矢)　　　　　　　　　　　　　　　103

　　(2) 삼련(叁連)　　　　　　　　　　　　　　　104

　　(3) 염주(剡注)　　　　　　　　　　　　　　　104

　　(4) 양척(襄尺)　　　　　　　　　　　　　　　104

　　(5) 정의(井儀)　　　　　　　　　　　　　　　104

四. 오어(五御)　　　　　　　　　　　　　　　　108

　　(1) 명화란(鳴和鸞)　　　　　　　　　　　　　110

　　(2) 축수곡(逐水曲)　　　　　　　　　　　　　112

　　(3) 과군표(過君表)　　　　　　　　　　　　　112

　　(4) 무교구(舞交衢)　　　　　　　　　　　　　116

　　(5) 축금좌(逐禽左)　　　　　　　　　　　　　117

육예조목(六藝條目) 권하(卷下) 120

　五. 육서(六書) 120

　　(1) 상형(象形) 124

　　(2) 지사(指事) 137

　　(3) 회의(會意) 139

　　(4) 전주(轉注) 141

　　(5) 해성(諧聲) 144

　　(6) 가차(假借) 147

　六. 구수(九數) 163

　　(1) 방전(方田) 164

　　(2) 속미(粟米) 167

　　(3) 쇠분(衰分) 169

　　(4) 소광(少廣) 172

　　(5) 상공(商功) 175

　　(6) 균수(均輸) 179

　　(7) 영뉵(盈朒) 181

　　(8) 방정(方程) 183

　　(9) 구고(句股) 186

부록(附錄) 192

　자원(字原) 192

　발원(發原) 205

　후서(後序) 212

제요*
(提要)

臣들이 삼가 상고하건대 『六藝綱目』 二卷은 元 舒天民[1]이 지은 것입니다. 天民의 號는 藝風이며 鄞縣(은현)[2] 사람입니다. 이 책은 『周禮』·「地官」·'保氏', 六藝의 기록에서 골라 뽑은 것으로서 鄭康成[3]의 注標[4]에 따라 조목으로 삼고 각각 네 글자를 韻語[5]로 하여 한 체계로 합친 것입니다. 그(天民)의 아들 恭이 주석하고, 같은 郡의 趙宜中이 주를 첨가(附注)하였습니다. 한결같이 小學[6]에서 상고하여

---

* 【역주】提要는 작자의 출생지, 시대 배경, 도서의 장단점, 여러 학설의 차이, 문자의 증삭, 편집의 분합 등을 상세하게 서술한 글이다. 이 提要는 원래 紀昀 등이 乾隆帝에게 올린 글인데 中華書局의 활자본에는 그러한 사실이 빠져있어 필사본을 바탕으로 번역하였다.
1) 字는 執豊, 四明.
2) 지금의 절강성 영파부 봉화현의 동쪽.
3) 鄭玄. 127-200. 康成은 字, 경학의 집대성자.
4) 주석과 本文의 欄 위에 다는 註解.
5) 押韻의 어구.
6) 중국 三代 때 아이들에게 가르친 禮儀, 文字 등의 학문, 또는 그 학교.

증거로 삼아 설명하고 자세히 연구하여 핵심을 밝혀서 발명한 것입니다. 그 가운데 六書의 轉注 한 부문을 서술하면서, 전주란 곧 한 글자의 모양을 바꾸어 서로 사용한 것으로서 倒7)도 있고, 側8)도 있고, 反9)도 있고, 背10)도 있다고 생각한 것이 있는데, 이제 그 의견을 궁구하자면 가령 '首11)를 뒤집으면(倒) 𦣻가 된다'라고 하였는데 (그 글자를) 바로 되돌리면 획수가 모자랍니다. 비록 원래 傳記12)일지라도 궁구함은 글자의 뜻을 깨달음에 이어지는 것인데, '尸는 人을 옆으로 돌린 것이고, 匚은 𠃊을 옆으로 돌린 것이다'라고 일컬은 것은 형상을 전주로 생각한 잘못일 뿐만 아니라『字書』13)가운데에도 이 두 글자는 또한 종래 人을 기울이고, 𠃊을 기울인 것이라는 해석이 없습니다. 이는 망령되게 추측한 것입니다. 그 九數 한 부분은 密術14)로서 鄭注15)를 推窮한 것인데 자못 상세하여 이것으로 보충하고 바로잡을 만합니다. 賈疏16) 또한 예를 상고하는 데 하나의 도움이 됩니다. 恭의 字는 自謙이고, 號는 說齋입니다. 宜中의 字는 彦夫입니다. 그 책은 至正 甲辰年(1364)에 간행되었습니다. 전에는 張翥(장저, 1287-1368), 胡世佐, 揭汯(게굉), 劉仁本 등의 네 (原)序가 있

---

7) 상하로 뒤집음.

8) 옆으로 기울임.

9) 좌우로 돌림.

10) 서로 등을 돌림.

11) 首의 古字.

12) 경서의 주해에 관한 기록.

13) 【역주】문자를 형체에 의하여 분류하고 해석한 책. 옥편과 같은 것. 목판본에는 周伯琦의『說文字原』으로 되어 있다.

14) 꼼꼼한 기술, 알기 어려운 기예.

15) 三禮에 대한 정현의 注.

16) 三禮에 대한 賈公彦의 疏

었는데 모두 宜中의 附注에는 언급하지 않았고 舒睿의 後序에도 기록되지 않았습니다. 戊申년이 이미 洪武 元年(1368년)이 되었고 또한 의중이 언급하지 않았으니 의중은 명나라 사람이 아닌가 합니다.[17] 乾隆 四十六年(1781) 二月 삼가 조사하여 올립니다.

總纂官 臣 紀昀,[18] 臣 陸錫熊, 臣 孫士毅總校

官 臣 陸費墀

---

17) 【역주】 목판본에만 추가된 주석이 있으며 그 내용은 다음과 같다. "그 始末은 상고할 수 없습니다"

18) 기윤. (1724-1805. 호는 石雲, 春帆), 청대의 고증학자로서 학문이 뛰어나 乾隆帝에게 발탁되어 1773년 四庫全書總裁官으로 육석웅(1734-1792, 號는 耳仙), 손사의(1720-1796, 號는 補山) 등 14官 360여 명이 참여하여 10년간에 걸쳐 완성하였고, 책이 완성되자 『四庫全書總目提要』를 主編하였다.

원서*
(原序)

장서序

옛날에 사람을 가르치는 방법은 六藝뿐이었다. 『周禮』·「地官」·
大司徒¹⁾가 관장하여 六藝를 널리 익히게 하였다. 그러므로 선비는
모두 公卿大夫²⁾로 등용될 수가 있었다. 평상시에는 예관을 쓰고 옥
을 띠에 차고 조정의 일을 처리하고, 만약 전쟁이 일어나면 나아가
장수가 되어 갑옷과 투구를 입고 진을 치고 文武를 아울러 기용하여
그 임무를 이루지 않음이 없다. 가르침에는 방법이 있으므로 배움에
도 그 바탕이 있다. 六藝 중에서 지금 書와 數(算)는 사용하여 익히
는 사람이 또한 드문데, 朱文公이 『소학』을 저술하면서 특별히 表彰
한 것으로 다만 이 이름이 있게 되었다. 四明³⁾ 舒君은 은둔한 선비

---

* 【역주】목판본에는 호세좌序, 계굉序, 유인본序 세 부분이 序로 되어 있으며, 마지
   막 原序 부분만 原書로 되어 있다.
1) 【역주】목판본에는 大宗伯이라고 했으나 육예는 대사도가 관장하였다.
2) 三公과 九卿, 그리고 大夫는 士의 위이며 卿의 아래인 벼슬 지위.
3) 서천민의 號.

인데 편찬하여 綱目을 만들고 그 아들 恭이 거기에 注를 달아 조목을 벌여놓고 자세히 풀이하였다. (이로 인하여) 의례적인 문장의 빈틈을 바로잡고 주선하는 데뿐만 아니라, 음악의 기초를 읊조리고 실천하는 데와 집정의 대신4)들을 인도하는 차서를 맡아 쓰는 데와 말을 몰아 달리는 지위(신분)에 대한 법도에 이르기까지 분명하게 잘 갖추었다고 할 수 있다. 至正 13년(元 順宗) 癸巳(1353)년에 나는 太學博士로서 大都에서 考試5)를 하면서 秋闈(추위)6)에서 문제를 낼 때, 漢人이 육예로써 물을 때 무리가 모두 罔然하여 발(珠簾)을 잇달아 두드리며 설명해도 오히려 깨닫지 못하였다. 물음에 답할 것이 다섯이 남았지만 하나만 해내어, 두 사람만이 鄕試(=秋闈)에 급제하여 會試(=春闈)를 볼 수 있고 네 사람은 떨어졌으니 科場을 마칠 때는 온전한 사람이 없었다. 과거시험에 급제한 사람도 "試官이 나를 끝까지 다하게 하여 擧人7)이 되었을 뿐이다"라고 말할 뿐이었다. 대개 아동들이 배우면서 이것을 쉽게 여겨 알지 못하니 이것(=육예)은 덕을 이루고 널리 사물에 통달하는 사람이 먼저 힘써야 할 요긴한 일이다. 鄞縣의 縣令 陳止善이 고무하니 이에 차례를 매기어 책을 간행함으로써 배우는 사람들에게 은혜를 베푸니 배우는 사람은 이 책에 마음을 가다듬을 수 있었다. 옛날의 禮를 잘 살펴 증거를 세우고 지금의 예를 헤아려서 그 이치와 손익의 마땅함을 알고, 옛날의 음악을 잘 살펴 증거를 세움으로써 지금의 음악을 증거로 하여 律呂8)가

---

4) 三公과 九卿.
5) 科擧의 성적을 살펴서 등수를 정하는 것.
6) 鄕試. 會試는 春闈라고 한다.
7) 향시에 급제하고 회시를 보는 사람.
8) 六律과 六呂.

두루 나오는 묘함을 알고, 옛날의 글씨를 잘 살펴 증거를 세움으로써 지금의 글씨를 헤아려서 聲形과 訓詁의 글을 안다. 射(弓術)는 비록 금하지만, 활과 화살에는 그 방법이 있으며, 御)는 비록 폐지되었지만 네 필의 말을 부리는 데에는 그 법도가 있으니 또한 마땅히 알아야 한다. 數는 곧 옛날과 지금이 한가지이니 그것은 참으로 좋다. 이것이 어찌 여러 가지 사물에 두루 많이 아는 通儒가 아니겠는가? 舒君의 諱는 天民이고 號는 藝風이며, 아들 恭의 字는 自謙이고 號는 說齋이다.

> 至正 24년 甲辰(1364)년 仲冬(음력 11월) 望日(음력 보름)에
> 翰林學士 承旨 榮祿大夫 知制誥 兼 修國史潞國 張翥가 序文을 쓰다.

호세좌/序

曩(낭)[10]이 일찍이 아이들을 授業할 때 어떤 사람이 '육예로써 대략을 들어 보이고 그 綱領을 대답하게 하는가'라고 물었다. 이어서 '지칭하는 조목을 기억하기를 그만두면 다 알 수 없지 않겠는가'라고 물었다. 또 이어서 '여러 명칭으로 이루어진 義記[11]는 더욱 자세히 알 수가 없지 않겠는가'라고 물었다. 이에 마음속으로 몰래

---

9) 馭車하는 기술.
10) 호세좌의 이름.
11) 바른 기록.

근심하여 纂集12)하여 관람하고자 하였으나 미처 겨를을 내지 못하였다. 濂洛의 諸賢13)으로부터 窮理盡性14)의 학문을 강구하여 어구는 반드시 문장을 이루고, 문장은 반드시 문자를 이루고, 문자는 반드시 의미(이치)을 취하는데 이치(義)는 깨닫기가 어려웠다. 先儒들이 이룬 어떤 학설을 '字訓'이라고 이름한다. 나는 여전히 의미에는 미진한 바가 있어 뒤를 잇고자 빠진 것을 더하고자 하였으나 미치지 못하였다. 이웃에 잠시 머물러 사는 四明士友 舒君이 스스로 제 몸을 낮추며 그의 先考 예풍 선생이 지은 『육예강목』과 『성리자훈보유』 두 책을 내어 보였는데, 대강을 들어 세목이 저절로 환하게 드러나고, 같은 부류끼리 모으고 분석하고 제정하였으며, 일을 헤아려서 그 내용을 온전하게 실었으며, 그 문장의 뜻과 旨趣가 그 의미를 분명하게 드러내었다. 모두 四言으로 글귀를 이루고 聲韻15)이 맞고 화합하였다. 誦記16)하기에 편리하고 비단 쓸 수 있을 뿐만이 아니라 아이들을 가르쳐 이끄는 도구가 될 것이다. 비록 배우기에 늦은 사람일지라도 이 책을 얻는다면 또한 망각에 대비할 수 있고, 講釋17)할 때 참으로 유익하다. 아, 사람 마음은 어리석음에서 멀지 않도다. 지난번 일찍이 이에 마음만 있고 겨를을 내지 못하였지만, 어찌 뜻을 그치겠는가? 예풍과 같이 내가 먼저 일을 착수하노라. 세 번 거듭해서 일어나 책의 첫째 권에 공경을 표하고

---

12) 자료를 모아 분류하고 순서를 세워 편집함.

13) 宋나라 濂溪에 있던 周敦頤, 洛陽에 있던 程顥·程頤의 학파.

14) 천지자연의 理法과 사람의 性情을 궁구함.

15) 소리와 音韻.

16) 암송하고 기록함.

17) 문서, 학설 등의 뜻을 해석함.

돌아왔다.

至正 丁酉(1357)년 가을 7월 甲午일에
前 鄉貢進士[18] 徽州路[19] 유학 교수 天台 호세좌가 序하다.

계굉序

先王이 鄉三物[20]로써 만민을 가르치면서 육예는 이미 소학의 때[21]에 익혔었다. 그러나 세상이 내려갈수록 가르침이 느슨해지면서 육예가 있었다는 것만 지칭될 뿐이었다. 배우는 자들도 또한 육예를 등한시하고 소홀히 여겨 육예의 이름이 있다는 것이 다시 기록(기억)되지 못하고 상세하게 알리지도 못하였으니 하물며 그 지극한 이치를 찾을 수 있겠는가? 견식이 있는 사람은 근심하였다. 藝風 舒 선생이 이에 그 이름의 시작과 그 뜻의 있는 바를 헤아려서 그 요점을 끌어 일으켜 큰 벼리로 삼고, 그 상세한 것을 자세히 하여 작은 항목으로 삼아『육예강목』을 지었다. 같은 부류끼리 나누고 펼쳐놓고 나열하여 문장에 따라 뜻을 해석하고 네 글자로 문장을 끊어서 보는 사람이 기억하여 외워 읽기에 편리하게 하였다. 그의 아들 恭

---

18) 州縣의 장관이 선발하여 京師에 추천한 사람.
19) 路는 宋代 행정구획의 이름, 지금의 省에 해당함.
20) 周代 鄉學의 교육과정으로서 六德・六行・六藝의 세 가지.
21) 8세 전후.

이 또 주석을 더하여 指意[22]의 본원과 말류, 사물의 모범과 정한 제도가 분명하고 확실하게 갖추게 되었다. 아! 이 책으로 말미암아 사물의 이름(혹은 문자)이 있는 것이 항상 눈에 접하게 되고, 항상 눈에 접하게 되면 마음에 얻게 되고, 마음에 얻게 되면 선왕으로부터 전해오는 제도가 이 책으로 말미암아 세워질 수도 있으니 어찌 작은 도움이겠는가!

至正 25년(1365) 12월에
豫章 揭汯이 序하다.

유인본序

사람이 태어나서 여덟 살이 되면 물을 뿌리고 비질을 하는 일과 윗사람의 부름에 응하고 대답하는 일, 나아가고 물러나는 예절, 그리고 예·악·사·어·서·수의 글로써 가르친다. 이것은 비록 小學의 일로서 세상에서 어리석음을 깨치려고 교육을 받는 무리가 때때로 겨우 그 大槪[23]를 널리 들어서 대답할 수는 있을지라도, 여러 세목의 상세한 내용에 대하여 다시 기억하지 못하고, 자세히 설명하며 분석하여 대답하는 것은 반드시 살피고 검사한 후에야 정돈되었다.

---

22) 뜻, 趣意.
23) 기본적 줄거리.

이것이 예풍 舒 선생의 『육예강목』이 지어진 까닭이다. 그러나 성인 이 나면서부터 아는 것은 또한 義理[24]를 말하는 것일 뿐이고, 名 物[25]과 度數[26]에 이르러서는 반드시 講學을 기다려서 밝힌다. 진실 로 강론하여 사리에 밝지 않으면 그만두지 아니하는 것은 이편에 增 訂(증정)[27]하지 않은 것이 없다.

朝列大夫 溫州路總管 天台 劉人本이 序하다.

原序

先君이 태어나서 겨우 열 살 때 송나라(960-1279)의 사직이 망하 니 울며 "나는 장차 큰일을 할 수가 없겠구나"라고 말하였다.[28] 장 성하여서는 隱儒로서 그 堂內를 널리 알리셨고 그 뜻을 밝히셨다. 어느 날 『漢書』를 읽다가 "군자는 육예의 風教를 편다"라는 구절에 이르러서 책을 어루만지며 웃으면서 "班固[29]는 먼저 내 마음이 하 고자 하는 바를 얻었구나"라고 말하였다. 이로 인하여 藝風으로 自 號하였다. 같은 군의 太傅[30] 蔣汝礪公이 탄식하며 "선생의 호는 매

---

24) 바른 도리.
25) 어떤 지방의 특유한 사물.
26) 정한 제도.
27) 내용을 더하거나 잘못된 것을 고침.
28) 이로 미루어 서천민은 1270년에 태어난 것으로 보인다.
29) 字는 孟堅.

우 아름답도다. 다른 날에 육예를 表章할 이는 오직 선생일 것이다"
라고 하였다. 선생은 일찍이 세상의 군자들이 육예로써 가르침으로
삼는 자가 겨우 그 대략만을 받드는 것을 근심하여 이에 널리 육예
를 採取하여 모아 문장을 몇 부분으로 크게 단락을 나누고 끊어지는
곳을 만들어 '육예강목'이라 하며 家塾[31]의 識者들에게 알리니 화합
하여 기리며 "선생의 아름다운 號가 이에 어울리는구나"라고 하였
다. 세상을 둘러보면 이렇게 책을 모아 놓은 것은 많다. 그러나 이와
같이 간단하고 분명하며 또 네 글자로써 글의 뜻을 끊어지게 하여
초학자들에게 육예를 더욱 편리하게 가르쳐 인도하는 책은 아직 있
지 않다. 이 일로 미루어 뜻이 서로 같은 사람들과 더불어 엮어 베끼
는 자들이 무리 지어 머물러 있다가 얼마 안 되어 先君이 죽은 뒤에
도 手澤[32]이 아직 마르지 않았다. 嗚呼라 슬프도다, 恭(자신)이 繼述
할 능력도 없이 다만 사람의 자식이 되어 마침내 固陋함을 잊고 이
에 여러 사람과 의논하여 注를 내었다. 至正 甲辰년 여름에 邑슈 陳
군 止善이 承旨 仲擧 張公에게 이것을 보내니 張公이 기뻐하며 "어
찌 이 책이 늦어짐을 보겠는가"라고 하고 이에 그 실마리(근본)를
서술하여 '四明舒君隱儒'라고 하였으니 그 은유라는 칭호가 어찌 우
연이겠는가! 恭이 한번 읽어보고는 세 번 感慨하며 거듭 선군 생존
시에 때를 만나지 못함을 슬퍼하였고, 한을 품으며 죽어 의지한 遺
墨[33]이 世敎에 보탬이 되고 또 글자의 근원이 되니 또한 배우는 사

---

30) 三公의 하나.
31) 私家에서 차린 글방.
32) 책에 자주 손이 닿아서 남아있는 손때나 윤택.
33) 죽은 후에 남긴 書畵.

람이 좋아하는 바이니 책 뒤에 부록 한다. 아! 선군은 배웠지만, 벼
슬을 하지 않았으니 은유가 아니겠는가! 육예의 풍교는 나로부터 펴
져서 蔣公의 기약이 꾀하지 않고도 꼭 들어맞았다. 이제 이에 가래
나무³⁴⁾에 헌수하여 후학들에게 은혜를 베푼다면 거의 근심할 것이
없을 것이다.

丙午(1366)년 3월 旣望(기망, 음력 16일)

남작 恭이 百拜하고 삼가 씀.

---

34) '梓爲百木之長'『埤雅』.

제사*
(題辭)

    옛날에는 鄕三物[1]로써 교육과정을 세웠는데 육예는 그중에 하나이고 모두 소홀히 할 수 없다. 여덟 살 어린 남자로서 嫡長子는 처음으로 소학에 들어가서 먼저 그 문장을 암송하고 두루 덧붙여 생각하고 찾으며 그 근본을 익히면서 거듭하여 交遊하였다. 널리 旨趣(깊은 뜻)를 바로잡아 才德이 온전하여 이 육예를 마음에 새기어 條理가 있었으니, 옛날의 학자는 시작과 끝에 間隙(차이)이 없었다.

    아! 사나운 秦나라가 典籍을 태워서 재가 되면서 육예의 樞要(추요, 가장 종요로움)가 亡滅됨이 거의 한도에 이르렀다. 五禮와 六樂의 조목이 빠짐없이 고루 갖추어 있어도 節文(事理에 따라 정한 條理)과 音調(음률의 곡조)를 들어 토론함이 없었다. 射라 하고 御라 하면서도 또한 쉽게 말을 하지 못하며, 활을 잡고 마차를 몰면서도 法度를 따르지 않는다. 六書의 品式(규칙)과 九數의 計數(수효를 헤

---

* 【역주】 활자본에는 '題詞'로 되어 있음.
1) 周代 鄕學의 교육과정, 六德, 六行, 六藝.

아림)는 사람이 살면서 날마다 쓰이는 것이고 밭의 경계가 어쩌다가 행해지지 않으면 성인은 멀고 경전은 피폐해져서 風敎는 무너지고 느슨해지며 스승과 학생의 주고받음이 찢어지고 흩어져서 완전히 잃어버리게 되었다.

이때 字學(字意를 연구하는 학문)을 깊이 살피고 연구하여 글씨를 밝히어서 짓고 古文에 견주어 보니 열 글자에 아홉은 잘못되었으나 다섯 가지는 대개 알 수가 있다. 가르치면 어쩌다 사람을 얻으니 배움에는 어려움이 없다. 선비(士)가 배움에 글(書)을 배우는 것이 마땅히 먼저이고 그다음이 數이고 射와 御가 이어진다. 예악을 익히어 체득하는 것이 긴요하니 나라가 있고 집안이 있는데 어찌 먼저 가르쳐서 익히게 하면 후세들이 前例를 따르지 않겠는가? 어린아이를 가르치는 것이 어찌 대학의 참된 기초임을 알겠는가?

아! 나의 선군은 이에 마음이 움직여 자료를 모아 분류하고 순서를 세워 편집하여 章句를 이루고 강령을 들어 세목을 따르게 하였다. 恭은 不敏(어리석고 둔하여 민첩하지 못함)하지만 부지런히 힘써 箋注(본문의 주석)를 내었으니 새롭게 배우고 익히어 門戶(배움의 입구가 되는 긴요한 곳)로 알려지기를 바란다.

육예강령
(六埶綱領)

埶는 세상에서 藝라고 쓰는데 잘못이다. 鄭剛中[1]이 "겨우 자라는 것이 埶이다"라고 하였다. 허 씨는 "藝는 埶로 쓰며 심는다(種)는 뜻이다"라고 하였다. 坴(륙)을 좇아 땅에 벼를 심고 흙으로 담을 세운다는 뜻이며, 丮(극)은 손으로 벼를 심는 모양을 본뜬 것이다. 물건을 만드는 재주와 기예에 관한 일은 농부가 벼를 심는 것과 같다.[2] 이로 인하여 육예의 예로 삼은 것이다.

> **[부주]** 藝는 심는다(種)는 뜻으로 坴[3]을 따른 것으로 김매고 밭을 간다는 뜻이다. 丮(극)은 藝의 古字이다. 藝란 기예에 관한 일을 힘쓰는 것이다. 천하의 백성들은 농사를 우선으로 삼는다. 그러므로 무릇 일(=생계)을 배우는 것을 모두 藝라고 한다.

육예의 학은 五禮, 六樂, 五射, 五御, 六書, 九數이다.

---

1) 1089-1154. 字는 亨仲, 漢章, 號는 北山.
2) "儒者之於禮樂射御書數 猶農者之樹埶也". 『說文解字』, 段玉裁注.
3) 륙, 흙덩이가 큰 모양, 土塊.

여섯 가지는 모두 지극한 이치가 머무르는 곳이며 일용에 빠뜨릴 수 없는 것들이다. 옛날에 小學을 가르치는 자는 이것을 우선으로 삼았다. 剛中은 "예악의 뛰어남은 천지에 통하며 또한 하나하나를 藝라고 이름하는 것은 왜 그런가? 대개 예악의 이치에 통달한 자는 성인이 되고 군자가 된다. 예를 행하는 升降[4]과 揖讓,[5] 그리고 음악을 짓는 聲音[6]과 節奏[7] 같은 것이 이에서 먼 것이겠는가? (따라서) 예라고 이름하는 것이 맞다"라고 하였다.

첫째 五禮로서, 吉禮가 먼저이고 다음이 凶禮·賓禮·軍禮이며 마지막이 嘉禮이다

둘째 六樂으로서, 雲門·咸池·大韶·大夏·大濩·大武이다.

　　濩와 護는 같다.

셋째 五射로서, 白矢·參連·剡注·襄尺·井儀이다. 剡은 간혹 閃으로도 읽는다. 襄과 讓은 같다.

넷째 五御로서, 鳴和鸞·逐水曲·過君表·武交衢·逐禽左이다.

　　御는 혹은 馭와 같이 쓴다. 鸞은 鑾과 같이 쓴다.

다섯째는 六書로서, 象形·指事·會意·轉注·諧聲·假借이다.

여섯째 九數로서, 方田·粟米·衰分·小廣·商功·均輸·盈朒·方程·九肳이다. 桌(米+囟)은 粟으로도 쓴다. 衰는 倉과 回의 半切이다. 朒(nu)은 如와 六의 반절인데, 세상에서 脁(月+出)로

---

4) 오르고 내려옴.
5) 겸허하고 온화한 동작.
6) 소리와 음조.
7) 악음의 강약, 장단이 주기적으로 반복됨.

쓰는 것은 잘못이다. 句는 음이 鉤이다.

먼저 그 강령을 들고 다음에 그 조목을 나누어 놓으니 오로지 너희
小子들은 留意하여 熟讀하라.

一. 오례(五禮)[1]

오례에는 36조목이 있는데 周公이 定制하고 天子가 行止(행하고 그침)한다.

吉禮는 하늘·땅·人鬼를 섬기고, 凶禮는 邦國의 근심을 슬퍼하며, 賓禮는 방국을 서로 친하고 화목하게 하며, 軍禮는 (군사에 관한 의식으로서) 방국을 하나로 합하게 하며, 嘉禮는 만민을 친하게 한다. 모두 36조이다.

公卿大夫 이하 士·庶人에 이르기까지 그 행실에는 고르고 치우

---

1) 【역주】『周禮』·「春官」·大宗伯에 보인다.

치지 않는 九節이 있어 위아래에 두루 행해진다. 성인은 법도를 세워서 백성들의 사정과 생활 형편을 어지럽히지 않았다.

九節이란 사람과 귀신을 제사하고, 기근과 슬픔을 없어지게 하며, 띠를 느슨하게 매고 음식으로 진휼하며, 宗族2)을 모으는 것과 같은 것이다. 더불어 혼례와 관례의 경사를 축하하는 禮는 士·庶人에게 두루 행해질 수 있다. 이에 嘉禮로써 만민을 친하게 한다는 말로 보건대 槪略(대강, 대략)을 알 수가 있다.

대저 禮는 天理의 節文이요 人事의 儀則이다. 敬을 主로 하여 행하고 질서가 정연하여 순서가 있다.

주자는 "예란 천리의 節文이요 인사의 儀則이다"라고 말하였다. 陳淳(1159-1223)3)은 "'사리에 따라 정한 조리'라고 하는 것은 무엇인가? 대개 天理는 단지 인사 가운데의 이치로서 마음에 갖추어 있는 것이다. 천리는 마음 가운데에 있으면서 일에서 드러나고, 인사는 밖에 있으면서 가운데에 뿌리를 내린다. 천리는 그 體가 되고 인사는 그 用이 된다. 儀容(몸가짐, 예절을 갖춘 태도)은 儀見(예절에 대한 생각)이 밖으로 드러난 것이고, 法則은 가운데에 있는 것이다. 儀(거동)와 文(법도)이 상응하면 則(법칙)과 節(절도)이 상응하며, 文 이후에 儀이고 節 이후에 則이다. 禮를 말하면 모름지기 이 두 가지를 아울러야 뜻이 곧 막힘이 없이 갖춘 것이다"라고 하였다.

---

2) 同姓同本의 一家.

3) 호는 북계, 『北溪字義』 등을 찬술함

禮의 用은 祭보다 더 중한 것이 없다. (禮의) 글자는 示와 豊이 모인 것으로 示는 곧 神의 啓示이고 豊은 (甘酒를 담는 굽이 높은) 祭器를 뜻한다.

示는 祇와 같고, 豊은 예를 행할 때 쓰이는 그릇으로 音은 禮이며 豐[4]자와 같지 않다.

(1) 길례(吉禮)

12조가 있다. (邦國의) 人鬼, 天神, 地示를 섬긴다. 大宗伯의 직무는 肆師(사사)[5]가 그를 도와서 제사를 지내면 복을 받는다. 그러므로 이것을 吉이라고 한다.

대종백은 예의 장관을 맡는다. 요임금은 伯夷[6]로써 宗典[7]과 天神地示 人鬼 三禮의 차례를 세우게 하였다. 한나라 때는 太常肆陳이라고 하였다. 肆師(사사)는 宗伯을 도와서 제사의 순서와 제기, 玉帛, 粢盛(자성)[8]을 진열하는 자리이다. 禮는 신을 섬김으로써 복을 받는 것이다.

---

4) 盞臺, 觶(치, 鄕飮酒禮에 쓰는 뿔잔)를 받치는 그릇
5) 宗伯을 도와서 제사의 순서와 희생제물, 玉帛, 粢盛을 진열하는 관직
6) 순임금 때 예를 맡아 보던 사람.
7) 종묘의 규정.
8) 제사에 쓰이는 黍稷인데, 祭需를 뜻함.

① 禋祀(연사)

昊天(昊天, 하늘)의 上帝에게 순수한 마음으로 정결하게 제사하는데, 섶나무를 태우며 희생제물과 옥백을 아우르는 것을 禋祀(연사)[9]라고 한다.

天은 형체로써 말한 것이고, 帝는 主宰(주장하여 統轄함)로써 말한 것이다. 郊祭(천지를 받드는 제사)를 지내는 것이므로 天이라 하고[10] 천자가 정사를 보는 궁전(明堂)이므로 帝라고 한다. 그 氣가 광대하므로 昊天이라 하고, 그 위에 위치함으로 上帝라고 한다. 精意로써 제사 드리는 것을 禋(인)[11]이라고 하는데 『설문』에 禋은 絜祀(결사)[12]라고 하였다. 玉은 푸른빛을 띠는 環狀의 옥으로 하늘의 모양을 닮은 것이다. 帛(명주)은 잡것이 섞이지 않은 희고 무늬를 더하지 않은 것으로 질박함을 높이 여긴다.

O 昊는 세상에서 昊로 쓴다.

② 實柴(실시)

日月星辰에게 희생제물을 그릇에 담아 섶나무 위에 올려놓고 불사르며 비는 것을 實柴라고 한다.

星은 五星으로 금성, 목성, 수성, 화성, 토성이다. 별과 해와 달이 交會하는 것이 十二次[13]이다. 辰에서 시작하여 巳에서 마치는데, 壽

---

9) 몸을 정결히 하고 天帝에게 제사 지냄.
10) '冬至祀天于南郊, 夏至祀地于北郊 故謂祀天地爲郊'. 『康熙字典』.
11) 정결하게 제사 지냄.
12) 몸을 깨끗이 하고 제사함.
13) 하늘을 나누는 방법의 하나로서 고대 중국에서는 목성이 황도를 따라 자리를 옮기는 것을 관찰하여 차례를 정하고 次라는 것을 만들었다. 목성이 태양을 기준으로 하여 한 번 공전하는 데 약 12년이 걸리기 때문에 하늘을 30도씩 12구역을 만

星・大火・析木・星紀・玄枵(현효)・陬訾(추자)・降婁・大梁・實沉(실침)・鶉首(순수)・鶉火(순화)・鶉尾(순미)가 이것이다. 실시는 섶나무 위에 희생을 담아 놓는 것이다.

③ 槱燎(유료)[14]

司中,[15) 司命,[16) 風師, 雨師에게 섶나무와 희생을 함께 불살라 제사 지내는 것을 槱燎라고 한다.

槱는 음이 酉(yǒu)이다.

○ 司中과 司命은 文昌(文星)의 제5, 제4의 별이다. 風師는 箕星이고, 雨師는 畢星이다. 섶나무를 쌓고 화톳불을 놓는 것을 유(槱)라고 하는데 나무를 쌓아놓고 불사르는 것이다.

○ (이상) 세 가지(연사, 실시, 유료)는 모두 섶나무 위에 희생을 놓고 玉帛을 더하여 화톳불을 놓아서 연기가 하늘로 올라가게 함으로써 하늘에게 알리는 것이다.

○ 月令(월령)[17)에 따라 立春 후 丑日에 國城의 동북쪽에서 風師를 제사하고, 立夏 후 申日에 성의 서남쪽에서 雨師를 제사한다. 後漢 때에는 丙戌일에 戌地에서 풍사를 제사하고, 巳丑일

든 것인데 이것을 12차라고 한다. 12차는 12지와 관계가 깊은데 서로 반대 방향이다.

14) 화톳불을 놓고 하늘에 지내는 제사.

15) 별 이름, 문창궁 제5성.

16) 별 이름, 문창궁 제4성.

17) 農家나 國家의 정례적인 연간 행사를 월별로 구별하여 기록한 표. 12절기에 따라 木氣는 春, 火 氣는 夏, 金氣는 秋, 水氣는 冬, 土氣는 각 계절의 末期를 관장한다고 하여 이것을 天時 또는 월기의 령, 즉 월령이라고 한다. 陰陽은 寒暖의 氣를 관장하고 五行은 四時의 氣를 지배하는 것으로 본다.

에 丑地에서 우사를 제사하였다. 희생으로는 양과 돼지를 사용하였다.

○ 剛中은 "昊天 上帝는 至尊의 위치로서 사물로써 불릴 수 없으며 그 덕은 오로지 정성스럽고 그 精意는 享祀할 수 있으므로 '연사(禋祀)'라고 한다. 日月星辰은 백성들이 瞻仰(첨앙, 우러러 존승함)하는 바탕(=몸)은 하늘과 같은 것으로서 친할 수가 없다. 반드시 氣臭(기의 냄새)로써만 통할 수 있으므로 '실시(實柴)'를 행한다. 사중, 사명, 풍사, 우사는 모두 하늘에 있는 신들이다. 日月星辰은 위에서 광채를 발하여 아래에 비치어 임하는바 天帝의 다음이며, 사중이 하늘 위에서 광채를 발하여 인간에게 用事(하여야 할 일)하니 일월성신의 지존이 기로써 통하는 것과는 비교할 수 없으므로 반드시 실시(實柴)를 행할 필요는 없다. 그러므로 '유료(槱燎)'라고 하는데 섶나무를 쌓아서 불사르는데 희생의 몸에는 (불이) 미치지 않는 것을 말한다. 어떤 이는 이르기를 '三台[18] 중 상태가 司命[19]이고, 중태가 司中이고, 하태가 司祿[20]이라고 한다'라고 하였다. 또 이르기를 '文昌宮의 네 번째 별이 사명이고, 다섯 번째 별이 사중이라고 한다'라고 하였다. 잠시 나머지 祭法을 상고해 보면 왕이 七祀[21]를 세워 司命,[22] 中霤(중류),[23] 國門,[24] 國行,[25] 泰厲(태려),[26]

---

18) 紫微宮의 주위에 있는 上台·中台·下台의 각각 두 별씩 도합 여섯 별.

19) 사람의 생명을 맡는 별.

20) 사람의 행복을 맡는 별.

21) 군주가 신하와 백성을 위하여 세우는 제사로 종묘나 사직에서 지내는 큰 신이 아닌 인간 생활의 여러 가지 일을 사찰하고 처벌하는 일곱 가지 신을 위한 제사. 봄에는 사명과 戶에 제사를 지내고, 여름에는 竈(부엌의 신)에, 가을에는 국문과 태려에, 겨울에는 국행에, 늦여름의 토왕일에는 별도로 중류에 제사를 지낸다.

戶,27) 竈(조)28)라고 한다.29) 사명이란 곧 七祀의 사명이고, 사중이란 칠사의 泰厲이다. 대개 인간이 생명을 받아서 만물의 命을 기르는 것은 司命과 관계가 있고, 사람이 中(정신)을 받아서 만물의 생명을 기르는 것은 司中과 관계가 있다. 論者들은 사람의 성품이 바르면 中하고 過하면 厲30)하다고 한다. 사중은 正言으로 한 것이고, 태려는 反言으로 한 것인데 기실은 하나이다. 칠사의 신 중 그 다섯은 땅에 몸을 기탁한 것이므로 血祭로써 제사하고, 나머지 둘(사명, 태려)은 하늘에 몸을 기탁한 것이므로 유료(橊燎)로써 제사하는데 각각 그 형상에 따른 것이다. 28宿는 사방을 번갈아 봄으로써 농사짓는 시기를 알려주는데 제사에 이르러서는 箕星31)과 畢星32)에 미치어서 멈추는 것은 왜 그런가? 위에서 농사짓는 시기를 알려주는 것은 그 형체는 없으나 흩어져 만물을 윤택하게 하는 것이 백성들의 일에 미치어 있기 때문이다. 바람이 아니면 만물이 변화되어 이루어질 수 없고, 비가 아니면 갖가지 종류의 사물이 생장하여 싹틀

---

22) 수명 혹은 선악에 따라 사람에게 응보 하는 신.
23) 가옥을 지키는 신.
24) 문으로 출입을 맡는 신.
25) 도로의 출행을 맡는 신.
26) 후손이 없는 옛 제왕의 귀신으로 죽이는 처벌을 맡는 신.
27) 문지방으로의 출입을 맡는 신.
28) 음식 혹은 부엌을 관장하는 귀신.
29) 【역주】『禮記』·「祭法」참조.
30) 엄하다, 사납다.
31) 28수의 일곱 번째 별.
32) 28수의 12번째 별.

수가 없다. 사물(의 변화와 번식)에 공이 있는 것은 보답하지 않을 수 없으므로 특별히 제사 지내는 것이다. 선유들이 말하는 연사(禋祀)에는 옥백과 牲牷(생전)[33]이 있으나, 실시(實柴)에는 희생과 폐백은 있지만 옥백이 없으며, 유료(槱燎)에는 다만 희생만이 있다. 그러나 經文을 상고하면 柴에 實을 말하는 것은 그 희생을 쓰는 것을 나타냄으로써 충만함을 밝히려는 것이다. 유료에 이르러서는 그 실제로 희생을 쓴다는 글이 없다. 그런즉 유료에는 燔柴(번시)[34]에 그친다"라고 하였다.

[부주] 지금 郡縣에서 풍사, 우사 및 사직의 신에게 제사를 지내는데, 그 名山大川을 제사의 의식에 싣는 것은 有司가 歲時에 제사에 힘쓰거나 上命으로 특별히 제사를 받드는 것이니 時祀의 횟수에는 들어가지 않는다. 이는 천자가 산천에서 바라보며 여러 신에게 두루 미치는 禮이다.

이상 세 가지(①, ②, ③)는 天神에게 제사 지내는 것이다.

昊天에 제사하면서 "皇皇한(=만물의 주재자이신) 上天께서는 下土(땅)를 비치시고 땅에 모인 신령들에게 때에 맞추어 단 바람과 비를 내리시니 庶物(온갖 사물)과 群生(모든 생물)이 제각기 그 자리를 얻으며 지금과 옛날이 서로 의지하여 오직 나 한 사람 某[35]가 황천의 도우심을 敬拜하나이다"라고 한다. 『大戴禮』·「公符篇」에는 地示와 人鬼라는 두 말은 전해지지 않는다.

---

33) 털빛이 純色인 완전한 몸의 희생.
34) 섶 위에 희생을 올려놓고 불을 사름.
35) 天子의 謙稱. 『예기』·「곡례」하.

④ 血祭(혈제)

社,36) 稷37)은 五祠38)와 五嶽39)과 더불어 氣臭(기의 냄새)보다 귀하니 피로써 제사하는 것을 血祭라고 한다.

社는 后土이고 稷은 穀神이다. 무릇 나라를 건립하면 반드시 먼저 社와 稷의 祭壇40)을 세운다. 대개 토지와 곡물은 국가가 의지하는 것으로 가장 중요하고 마땅히 먼저 있어야 한다. 『孝經說』41)에 "社는 토지의 주인이고 稷은 오곡의 근본인데, 토지는 넓어서 두루 공경할 수 없으므로 흙을 높이 쌓아 제단을 만들어서 社로 삼는다. 오곡도 많아서 두루 제사할 수 없으므로 (오곡의 신의) 사당을 세우고 제사한다. 五祀는 戶(호)42) · 竈(조)43) · 中霤(중류)44) · 門45) · 行46)이다.47) 그 가운데 中霤는 土이고, 사람의 堂室과 居處를 맡는 門은 金이고, 戶는 木이고, 도로의 출입을 맡는 신은 行으로 水이고, 부엌을 주관하는 신은 竈로서 火이다. 飮食을 주관하는 신은 모두 오행의 작은 신이며 땅에 있는 것들은 각각 오행의 왕(=신)을 따라서 제사

---

36) 토지의 신. 地祇.

37) 오곡의 신.

38) 五行의 신에 대한 제사.

39) 천자가 巡狩하는 五大山.

40) 壇墠: 壇은 특수한 행사를 위하여 흙을 높이 쌓아 위를 평평하게 만든 장소, 墠은 풀을 없애고 평평하게 고른 제사터로서 壇 앞에 만든다.

41) 前漢, 王式의 저서.

42) 문지방 신.

43) 부엌, 부엌귀신.

44) 가옥을 지키는 신.

45) 문, 문으로의 출입을 맡는 신.

46) 도로의 출입을 맡는 신.

47) 【역주】『禮記』卷五·「曲禮」下.

하는데, 봄에는 戶[48]에 제사를 지내고, 여름에는 竈에 제사를 지내고, 늦여름에는 中霤에 제사를 지내고, 가을에는 門에 제사를 지내고, 겨울에는 行에 제사를 지낸다. 산은 높고 귀하며 뭇 산 중에서 가장 뛰어난 것을 嶽(악)[49]이라고 한다. 五嶽이 있는데, 동쪽에 있는 것을 대(岱)라 하고, 남쪽에 있는 것을 형(衡)이라 하고, 서쪽에 있는 것을 화(崋)라 하고, 북쪽에 있는 것을 항(恒)이라 하고, 중앙에 있는 것을 숭(嵩)이라고 한다. 이 높은 다섯 산은 나라의 소중하고 멀리까지 내다보이는 要害地[50]이다. 五嶽에 짝하는 것들은 장강(長江=양쯔강), 회수(淮水),[51] 황하(黃河), 제(沛=濟)[52] 등 사독(四瀆)[53]이다. 사독을 말하지 않은 것은 글자를 줄인 것이다. 제사 지내는 땅을 말하지 않은 것은 이것들이 모두 땅의 신이기 때문이다. 취(臭, 냄새)는 氣이다. 음사(陰祀)[54]는 피로 말미암아 비롯하니 기의 냄새를 귀하게 여긴다"라고 하였다.

○ 剛中은 "피는 신이 제물의 기를 마시는 것으로 시작되는 것이며, 희생을 죽여 먼저 피로써 말하는 것은 기를 귀하게 여기지 맛을 소중하게 여기지 않기 때문으로 정성이 지극한 것이다. 사직은 사람에게 功力이 있으며 신은 幽陰[55]이 된다. 그러므로

---

48) 지게문. 마루에서 방으로 드나드는 곳에 안팎을 두꺼운 종이로 바른 외짝 문.
49) 큰 산.
50) 전략상의 요긴한 곳.
51) 하남성 동백산에서 발원하여 안휘성 강소성을 거쳐 황하로 흘러 들어가는 전장 1,000km의 큰 강.
52) 하북성에서 발원하는 강.
53) 국가의 운명과 관련이 깊다고 해서 해마다 제사를 지내는 네 강.
54) 社稷 따위와 같이 음에 속하는 제사.
55) 그윽하고 심오함.

제사는 피로부터 시작하는데, 천자의 七祀는 오행의 신에게 제사하는 것은 어째서인가? 대개 司中과 (칠사의) 泰厲는 신이 하늘에 속한 것이니 유료(槱燎, 화톳불을 놓고 하늘에 지내는 제사)로써 제사를 지낸다. 이 五祀는 땅에 속한다. 오사와 五嶽의 신은 땅에 기탁하므로 이 세 가지는 血祭에 하나로 합한다. 피(血)라는 것은 상(象, 조짐)은 있으면서 허(虛, 빈 것)는 아니고, 형(形, 모양)이 있으면서 實物의 그윽함이 아니다"라고 하였다. 陸氏는 "社는 五土의 地神에게 드리는 제사이고, 稷은 오곡의 신에게 드리는 제사이다. 社에 제사할 때 반드시 稷에도 함께 함은 그 같은 공으로써 이익을 균등하게 하여 사람을 기르기 때문이다"라고 하였다.

○ 一說에는 五祀는 五官[56]의 신을 위하여 四時에 四郊[57]에서 오행의 기를 맞이하여 제사하는 것이라고도 한다.

○ 기는 形氣[58]를 본뜬 것인데, 어느 정도 이미 反饗한 것이 기자이다. 이미 기라는 글자가 있는데 하필이면 바른 것을 버리고 차음(借音)을 따르겠는가? 이제 바른 것을 따르면 沛는 세속에서 濟라고 쓰는데 (이 濟는) 四瀆의 물 이름이 아니다. 濟水는 恒山 방자현에서 발원하여 皇山에서 만나며, 沛水는 곧 沇水(연수)로서 兗州(연주)에 있으며 왕옥산에서 발원하여 동쪽 바다로 들어간다.

[부주] 왕은 七祀를 세우고 제후는 五祀를 세운다. 대부는 三祀를 세우는데 태려, (國)門,

---

56) 사람의 다섯 가지 감각기관으로 눈, 귀, 입, 코, 피부를 말함.
57) 都城 밖 사방의 郊外.
58) 겉으로 보이는 모양과 기운.

(國)行이다. 適士[59]는 二祀를 세우는데 門과 行이다. 선비들과 서민은 하나의 祀를 세우는데 혹은 戶를 혹은 竈를 세운다.[60] 두예(杜預, 222-284)[61]는 "땅이 正方(정방)인 것을 '句龍'[62]이라고 하는데 집에 있으면 中霤(중류)[63]를 주관하고 들에 있으면 社가 된다"라고 하였다.

⑤ 薶沉(매침)

山林에 제사를 지내고 희생을 땅에 묻으며, 川澤에 제사를 지내고 희생을 물에 가라앉혀 각각 그 성질에 따라서 그 덕을 비슷하게 하는 것을 薶沉(매침)[64]이라고 한다. 薶는 『周禮』에는 貍로 되어 있고, 세상에서는 埋라고 쓴다.

산림과 천택은 사물에서는 매장하는 곳인데, 涵容(함용)[65]하는 공능과 제사 지내는 희생에 따라 땅에 묻고 물에 가라앉히는 것은 그 특성에 따라 그 덕(특성)을 본뜬 것이다.

晉나라 魏獻子가 제나라를 정벌할 때 붉은 실로 白璧을 묶어 황하에 던졌고, 한 무제가 黃河를 터뜨릴 때 백마를 죽이고 황하에 벽옥을 가라앉힌 것들, 이것들이 매침의 遺志이다.

⑥ 疈辜(벽고)

四方의 百物에 제사 지내는 희생의 가슴을 가르는 것을 疈辜(벽

---

59) 周代에 士를 상, 중, 하의 세 등급으로 나눈 중의 최상의 것, 上士라고도 한다.

60) 【역주】『禮記』·「祭法」 참조.

61) 西晉 시대의 학자.

62) 勾龍이라고도 함. 共工氏의 아들로 后土라고도 하며 물과 흙을 다스리는 능력이 있어 치수 사업에 공을 세워 社神으로 받들어졌다.

63) 가옥의 지키는 신.

64) 희생을 묻어 山神을 제사하고 희생을 가라앉혀 江神을 제사함.

65) 가라앉히고 받아들임.

고)66)라고 한다.

桀(zhe)은 陟(zhì)과 格(gé)의 반절이다. 假借해서 桀이 되었는데 黠(할)67)자의 뜻이다. 그러므로 石 자를 더하여 磔(책)68)으로 쓴다. 벽(pi)은 拍(pāi, pò)과 逼(bī. 핍,벽)의 반절이다.

○ 桀裂(걸열)은 나무기둥에 희생을 묶고 가르는 것이고 벽은 희생의 가슴을 가르는 것이다. 辜는 손으로 희생을 갈라서 각을 뜨는 것이다. 『주례』·「大宗伯」에는 "以疈辜祭四方百物"이라고 하였다. 이것은 年終69)의 蜡祭(사제)70)에 그 한 해 동안의 농사 형편과 그 밖의 일을 百神에게 알리는 제사로서 夏나라는 淸祀라 하고 商나라는 嘉平이라 하고 周나라는 大蜡라 한다. 이 세 가지는 報陰71)이다.

○ 剛中은 "四方 百物에 이르러서는 여덟 곳에 臘享(납향)72)한다. 제사가 百物에 까지 미침은 仁이 지극하고 義를 다함이다. 사방의 모양이 다르고 여러 사물의 쓰임이 다르면 살아 있는 것이고 그것들이 合聚하면 죽은 것이다. 나무기둥에 희생을 묶고 희생의 가슴을 가름(桀裂)으로써 그 分散의 의미를 상징하는 것이다"라고 하였다.

---

66) 희생의 가슴을 가르고 각을 뜸.
67) 교활하다.
68) 찢다, 가르다. 희생의 가슴을 갈라서 제사를 지내다.
69) 섣달그믐, 蜡月=섣달.
70) 蜡月에 지내는 群神의 合祀.
71) 땅에게 알리는 것.
72) 납일에 1년간의 농사와 그 밖의 복을 여러 신에게 비는 제사.

○ 八蜡(팔사)는 농막, 두둑길, 고양이, 범, 제방, 도랑, 곤충, 초목
이다.[73]

[부주] 『爾雅』에 "하늘에 제사하는 것을 燔柴(번시)라 하고, 땅에 제사하는 것을 瘞薶(예
매)[74]라 하고, 산에 제사하는 것을 기현(庪縣)[75]이라 하고, 내[川]에 제사하는
것을 부침(浮沈)[76]이라 하고, 별에 제사하는 것을 布라 하고, 바람에 제사하는 것
을 磔(책, 희생을 찢음)이라 한다"라고 하였다.[77] 郭璞(곽박, 276-324)[78]은
("祭山曰庪縣'에 대한 注에서) '올려놓기도 하고 매달기도 하여 산에 놓는다'라 하
였고, ("浮沈"의 注에서는) '물 위에 제물을 던질 때는 띄우기도 하고 가라앉히기도
한다'라고 하였으며, ("布"에 대한 注에서는) '땅에 제물을 흩뜨린다'라고 하였다.

○ 蜡(저)는 蠅蛆(구더기)이다. 『說文』에서는 『주례』・「추관」을 인
용하여 "蜡氏는 骴[79]를 없애는 일을 맡는다"라고 하였다. 또
빌려서 年終(=세밑)의 제사 명칭을 大蜡(대사)[80]라고 하는데,
(이것은) 겨울에는 파리나 구더기가 없어서 깨끗하게 제사를
드린다는 뜻을 의미한다. 그러므로 그 뜻으로 말미암아 곧 지
칭한 것이니 '蜡氏는 썩은 살을 없애는 일을 맡는다'라는 뜻을
빌려온 것은 같은 것이다. 秦名에 "臘[81]은 섣달에 사냥하는 것
이다. 사냥에서 얻은 금수로써 제사를 지내는 것을 이름한다.
漢나라는 火德으로 왕이 되었으므로 동지 후 제3의 戌日에 臘
享하고, 송나라 또한 화덕인데 역시 戌日에 臘享한다.

---

73) 【역주】 『禮記』・「郊特牲」 참조

74) 지신에게 제사 지낸 제물을 땅에 묻는 의식.

75) 산신에게 지내는 제사.

76) 제물을 물 위에 띄우거나 가라앉힘.

77) 『爾雅』 권6, 「釋天」 제8, 99쪽.

78) 동진의 훈고학자, 『爾雅注』를 펴냄.

79) 骴, 썩은 살 자.

80) 周代에 매해 섣달에 천자가 행하던 제사.

81) 납향 랍. 臘日에 제사를 드림. 冬至 후 제3의 戌日에 큰 사냥을 하여 얻은 사냥감
으로 조상에게 지내는 제사.

○ 蜡(사, zhà)는 음이 乍(zhà)인데 세상에서 禧(사, zhà. 본음은 자)로 쓰는 것은 잘못이다.

이상 세 가지(④, ⑤, ⑥)는 地示[82])에게 제사를 지내는 것이다.

張南軒(張栻, 1133-1180)은 "옛날에 산천에 제사 지낼 때는 그 구름과 비와 못과 만물로써 제단과 주위의 담을 쌓았고, 축관과 사관을 세워서 희생제물과 폐백을 진설하게 하였다. 이것은 내가 기도하고 제사하는 본바탕을 지극히 하여 (산천의 신이) 보이고 안 보일 때 조화롭게 빛나게 하려는 까닭으로서 진실로 숨길 수 없다. 이와 같이 후세에도 산천에 사당을 세워 그 모양을 사람으로 하고 그 땅을 봉하였으나 (그 지극한 진실을) 잃어버렸다"라고 말하였다.

⑦ 肆獻祼(사헌관)

선왕에게 제사 지낼 때 희생의 骨體(골체)를 가르고 鬱鬯(울창)[83])으로 강신제를 지내는 것을 肆獻祼(사헌관)이라고 한다.[84])

亯(享)은 세상에서 享으로 쓴다. 鬱은 欝(울)로 쓰는데 잘못이며 鬱金(울금)[85])은 芳草[86]이다. 鬱林郡에서 난다. 鬯(창, chàng)은 尺(chǐ)과 諒(liàng)의 반절이다. 肆(ti)[87])는 음이 剔(tī)[88]이다. 祼[89])은

---

82) 땅의 귀신.
83) 울금초를 쪄서 옻 기장으로 빚은 술인 창주에 섞은 술, 강신에 씀.
84) 【역주】『주례』・「春官」・'대종백'.
85) 생강과에 속하는 다년초.
86) 향기가 나는 좋은 풀.
87) 제가에 차린 희생.

灌[90)과 같다.

○ 享은 제사를 바친다(獻)는 뜻으로 祭(제)이다. 鬱鬯(울창)은 검은 기장과 鬱金草로 빚은 술인데 黃流(황류)라고 한다. 그 냄새가 향기롭고 편안하고 느긋하여 또 秬鬯(거창)이라고도 한다. 주나라 사람들은 그 냄새를 좋아하여 강신제를 지낼 때 鬱鬯(울창)을 사용하였다. 肆(사)는 희생제물의 몸을 가르는 것을 말하는데 끓여 익었을 때 드린다. 獻은 단술을 드리고 산고기(血腥)를 체천(體薦) 하는 것이다. 祼(관)은 圭瓚(규찬)[91)으로 울창주를 따라서 땅에 뿌려 강신 때에 비는 것인데, 또한 降神이라고 한다. 『예기』·「교특성」에 "魂氣[92)는 하늘로 돌아가고 形魄[93)은 땅으로 돌아간다. 그러므로 제사는 음양의 의미[94)에서 찾는 것이다. 은나라 사람은 먼저 陽에서 찾고, 주나라 사람은 먼저 陰에서 찾았다"라고 하였다.

[부주] 대부는 九錫(구석)[95)의 분부가 있었던 연후에 秬鬯을 하사하면 圭瓚[96)에 담아 종묘에 제사한다.

---

88) 살을 가르고 뼈를 발라냄.

89) 강신제 지낼 관.

90) 술을 따라 땅에 뿌림.

91) 종묘에서 쓰는 제기, 鬱鬯酒를 담는다.

92) 영혼의 기운.

93) 몸의 넋.

94) 魂은 양에 속하고, 魄은 음에 속한다.

95) 천자가 특히 공로가 있는 사람에게 하사하는 아홉 가지 물품. 車馬, 衣服, 樂則, 朱戶, 納幣, 虎賁, 弓矢, 鈇鉞, 秬鬯.

96) 종묘에서 쓰는 제기, 鬱鬯酒를 담는 잔. 玉이나 구리로 만들기도 하고, 銀으로 만들어 안에 鍍金을 하기도 한다.

⑧ 饋食(궤식)[97]

黍稷(서직)[98]으로 드리는 것을 饋食이라고 한다.

궤식은 서직이 있음을 말한다. 먼저 강신제를 지내고, 다음으로 血腥[99]을 바치고, 다음으로 익힌 것(고기)을 바치고, 다음으로 궤식을 바친다. 무릇 제사는 모두 그러하니 서로 갖춘다.

○ 剛中은 "선왕이 만든 것이 祭禮이다. 數數(삭삭)[100]하지 않는 것은 번거롭기 때문이고, 疏疏(소소)[101]하고자 하지 않는 것은 태만해지기 때문이다. 태만하면 孝와 敬을 잃고, 번거로우면 褻瀆(설독)[102]에 가깝다. 그러므로 四時의 제사가 있다. 또 5년과 3년마다 締祫(체협)[103]하는데, 생존 시에는 合族의 기쁨이 있고 죽은 후에는 合食의 예가 있기 때문이다. 삶의 인연으로 죽어서 섬기는 것이니 성대한 제사를 지내는 것이다. 그러므로 遠祖를 함께 제사 지내는 것(締祫)이다"라고 하였다.

[부주] 선조에게 제사를 드리는 예는 천자로부터 서인에 이르기까지 덜어주고 넉넉함의 차이가 있다. 천자는 사계절의 첫 달에, 대부와 사는 사계절의 둘째 달에, 서인은 사계절의 마지막 달에 드린다. 士에게 밭이 있으면 제사를 드리고, 밭이 없으면 供物(공물, 신령에게 바치는 물건)을 드린다.

---

97) 제사 때 익힌 음식을 바치는 일.

98) 메기장과 찰기장.

99) 산고기.

100) 여러 번, 자주.

101) 성글게, 우활하게.

102) 모독함, 모욕함.

103) 遠祖(고조 이상의 먼 조상)의 신주를 遞遷(4대 봉사를 다한 신주를 最長房의 집으로 옮김)하여 조묘에 함께 모시는 일.

⑨ 祠(사)

봄 제사를 祠(사)라고 한다. 品物이 많지 않으니 정성되게 告함을 주로 한다. 詞(고함)는 祠(제사 지냄)이다. 祝文과 같은 것이다.

> **[부주]** 봄철 밭에 蒐(수)[104]가 나온다. 수는 찾는다(搜)는 말이다. 꼭두서니(蒐)는 본래 띠[105]인데, 蒐[106]가 자라면 띠와 꼭두서니 가운데에서 찾아서 그중 수컷과 씨가 없는 것을 택하여 정월 초하루에 제사를 지낸다. (꼭두서니는 봄에) 처음 생겨날 때 감히 사람을 상하게 하지 못하고 品物[107]이 적기 때문에 축문으로 제사를 지내 그 정성을 미치게 한다.

⑩ 禴(약)

여름 제사를 禴(약)이라고 한다. 百物이 아직 자라지 않아 그 제사가 오히려 박하기 때문에 음악을 연주함으로써 정성을 표시한다.

禴은 薄[108]하다는 뜻이다. 소홀하게 동쪽의 隣[109]이 소를 잡아 제사 지내는 것은 서쪽 鄰의 禴[110]만 못하다. 『漢書』·「郊祀[111]志」의 '瀹祭'에서 顔師古(581-645)[112]는 "새 나물을 삶아서 제사를 지낸다. 瀹(약)[113]과 禴(약)[114]은 통하는데 음악을 연주하는 것을 주로 한다"라고 하였다.

---

104) 꼭두서니, 망인의 피에서 난다는 다년생 蔓草(덩굴풀).
105) 볏과의 다년초.
106) 꼭두서니.
107) 물건의 종류.
108) 박하다, 약소하다.
109) 주대의 행정구획, 5 家.
110) 여름 제사, 음악을 연주하여 정성을 표시하는 제사.
111) 교사. 임금이 동지에 남쪽 교외에 나가 하늘에 제사를 지내고, 하지에 북쪽 교외에 나가 땅에 지내는 제사.
112) 당 경학가. 한서에 주석을 가함으로써 이전의 여러 주석을 집대성함.
113) 데치다, 삶다.
114) 여름 제사.

⑪ 嘗(상)

가을 제사를 嘗(상)이라고 한다. 새로운 곡식이 이미 이루어졌으
니 그 좋은 향기를 바친다.

香은 小篆으로 馫이라고 쓴다. 옛날에는 𩠻라고 썼다. 白이 匕(비)[115]
를 따른 것으로 흰 쌀알이다. 숟가락으로 쌀의 좋은 향기를 맛보는
것이다.

○ 百物이 가을에 이르러 모두 익어 바칠 수 있는 것이 많으니 새
  로운 곡식을 주로 한다.

⑫ 烝(증)

겨울 제사를 烝(증)이라고 한다. 물과 땅의 진미를 크건 작건 모두
갖추는 것은 孝敬을 다하는 것이다.

烝은 衆(많음)이다.

○ 『禮記』·「祭統」편에 "물에서 나는 채소[116]와 땅에서 나는 젓
  갈[117]은 小物로서 갖춘다. 소·양·돼지를 얹는 적대와 八簋
  (팔궤)[118]에 담는 것은 美物[119]로서 갖춘다. (그 외에도 먹을
  수 있는) 여러 가지 곤충과 제철 초목의 열매는 음양의 물[120]
  로서 갖춘다. 무릇 하늘에서 난 것과 땅에서 자란 것은 진실로
  바칠 수 있는 것으로서 모두 진설해서 물질을 다 드림을 나타

---

115) 숟가락.
116) 창포와 순채[蓴菜], 수련과의 다년생 풀.
117) 개미 알과 누리 새끼(아직 날개가 나지 않은 蝗蟲의 유충).
118) 천자의 제사에 쓰이는 여덟 개의 제기, 外圓內方으로 黍稷 낟알을 담는다.
119) 음양의 조화를 이룬 아름다운 곡물. 교특생 편 참조.
120) 음양의 조화를 이룬 것.

낸다. 밖으로는 물질을 다 드리고 안으로는 誠敬의 뜻을 다하는 것이 제사를 드리는 마음가짐이다"라고 하였다.

○ 享禮에 봄과 여름에는 대략 적은 것을 귀하게 여기고, 가을과 겨울에는 많은 것을 귀하게 여긴다.

이상 여섯 가지(⑦, ⑧, ⑨, ⑩, ⑪, ⑫)는 人鬼에 대한 제사이다.

剛中은 "봄과 가을은 春鬼와 夏苗로써 제사를 받든다. 봄에는 만물이 이제 한창 나기 시작하니 드릴 수 있는 것이 적으므로 축문을 위주로 하고, 여름에는 음악을 위주로 한다. 축문을 숭상하는 것은 言詞로써 뜻을 행하는 것이다. 음악을 숭상하는 것은 양기가 스며들어 성대하게 되어 음악이 양으로 말미암아 온다. 이는 적은 것으로 귀하게 여기는 것이다. 가을과 겨울에는 秋獮과 冬狩로써 제사를 받든다. 百物이 이미 이루어져 드릴 수 있는 것이 많으므로 가을에는 薦新(천신)[121]을 위주로 하고, 겨울에는 갖추어진 사물을 위주로 한다. 가을 제사에는 만물이 처음 이루어져 비로소 맛볼 수 있다. 이에 새 곡식을 드린다. 겨울 제사에는 만물이 모두 이루어져 다 드릴 수 있다. 이는 많은 것을 귀하게 여기는 것이다"라고 하였다.[122]

○ 또 "하늘은 위에 있으면서 작위할 수 없으니 道로써 소통할 뿐이다. 그러므로 祀라고 한다. 제사함으로써 그 도를 말한다. 땅은 생물을 주관하는데 사물로써 잇닿는다. 그러므로 祭라고 한다. 제사 지냄으로써 그 일을 말한다. 人鬼는 인도로써 섬긴다.

---

121) 時節에 새로 나온 곡식이나 과실을 신위에 올림.
122) 『춘추좌전』1, 은공 제1, 5년, 『이아』 참조.

그러므로 享이라고 한다. 사물로써 올리어 바침을 말한다"라고
하였다.

그러나 記(경서의 주석)에 '郊祀(교사, 하늘과 땅에 올리는 제사)
에는 희생의 피를 그릇에 담아 날고기로 드리는데, 오직 땅에 제사
를 드릴 때만 희생의 피를 드리는 것이 아니고 교사에도 또한 그렇
게 드린다'라고 하였다. 書(어떤 기록)에 '왕과 손님이 사냥해서 천신
에게 제사를 드려 다 삼가는데 왕이 太室에 들어가 강신제를 드린
다'라고 하였으니 종묘에서도 또한 禋(인, 연)이라고 하며 오직 하늘
에 제사 지낼 때만 禋이라고 하지는 않는다. 記에 '오직 성인이라야
상제에게 제사를 드릴 수 있다'라고 했으니 하늘에 제사 지내는 것
도 또한 享이라고 하며 오직 先王에게만 享이라고 일컫지는 않는다.
그 구분이 이와 같은 것은 또한 각각 그 주장하는 바로써 말하기 때
문이다.

(2) 흉례(凶禮)

그 세목은 다섯이다. 나라에 근심, 분란, 재난, 救荒, 질병이 있는
것을 凶이라고 한다.

『주례』에서는 흉례로써 방국의 憂哀(근심과 슬픔)를 哀悼하는 것
을 분란, 災難, 救荒, 질병이라고 한다.
　〇 剛中은 "천자는 제후에 대하여 직위는 비록 군신의 관계이지만
　　情으로는 부자의 관계이다. 아들이 질병과 고통이 없으면 아비
　　는 근심할 것이 없다. 그러므로 방국에 근심이 있으면 흉례로

써 애도한다"라고 하였다.

[부주] 憂는 본래 悬(頁+心)로 쓰는데 心(심장, 마음)과 頁(혈, 사람의 머리)을 따른 것이다. 세상에서 憂로 쓰임은 모양 그대로 그린 것이다.

① 나라에 죽은 사람이 있으면 가까운 친족은 복을 입고 먼 친척은 마음속으로 수의를 보내는 것을 喪禮라고 한다.

상복을 입는 것에는 다섯 등차가 있다. 含(함)[123]은 죽은 사람을 보내면서 입에 옥을 넣는 것이다. 천자는 珠[124]를, 제후는 玉을, 대부는 璧(벽)[125]을, 士는 貝(돈)를 사용한다. (죽은 사람에게 입히는) 옷과 이불을 襚(수)라고 한다. 아마 襚는 저가 살아 있다는 마음일 것이다.[126] (죽음을 애도하여 장례를 돕기 위해 보내는) 거마를 賵(봉)[127]이라 하고, (喪事에 보내는) 貨財를 賻(부)[128]라고 하는데 모두 상례를 돕는 禮이다. 무릇 살아있는 사람(遺族)을 알고 있는 사람은 賵賻(봉부)[129]로 하고, 죽은 사람(故人)을 알고 있으면 含襚(함수)[130]를 한다.

[부주] 親友(친척과 벗)가 죽어서 잃으면 반드시 弔慰(조위)[131]의 禮를 표해야 한다. 조상하는 것은 그 죽은 사람을 위해 슬퍼하는 것이고, 위문하는 것은 그 살아 있는 사람(유가족)을 안심시키는 것이다.

---

123) 無窮珠.
124) 진주.
125) 둥근 옥.
126) 襚는 생존한 사람에게 옷을 보낸다는 뜻도 있다.
127) 선물.
128) 부의.
129) 賻儀를 보냄.
130) 마음속으로 수의를 보냄.
131) 죽은 사람을 弔喪하고 유족을 慰問함.

② 흉년이 들어 백성들이 병들고 흩어지면 민첩하게 궁핍함을 돕는 것을 荒禮라고 한다.

곡식이 익지 않는 것을 歉(겸)[132]이라 하고, 荒(황)[133]은 사람과 사물이 상처를 입은 것이다. 大司徒는 곧 방국에 명령하여 백성을 이동시키고 재화를 유통하며, 부역을 면제하고[134] 조세를 가볍게 하고 형벌을 완화하며, 晉나라에 기근이 들면 秦나라의 곡식을 (晉나라로) 옮기는 것이 이것이다.[135]

○ 㦲은 세상에서 散으로 쓰는데 잘못이다.

③ 나라에 禍難과 災難이 있으면 찾아가서 慰問하는 것을 弔(亻+弓)禮라고 한다.

尉(필사본, 尉의 古字)는 세상에서 尉와 慰로 쓰는데 잘못이고 원래 尉斗(위두)[136]라는 글자이다.

○ 禍災(화재)는 물이 넘치고 불이 나는 재앙 따위를 말한다. 宋에 큰물이 났을 때 魯 莊公은 사람을 보내 조문하면서 "하늘이 장마(淫雨)를 내리시니 어찌 위로하지 않으리오?"라고 하였다. (又) 마구간이 불에 탔을 때 공자는 鄕人[137]에게 문안하고 화재를 당한 사람을 위하여 문안하였다. 선비는 한번, 대부는 재차 또한 서로 위로하는 것이 도리인데, 위로하여 마음을 편안

---

132) 흉년이 들어 곡식이 모자람.
133) 흉년이 듦.
134) 弛力, 대사도의 12황정의 하나로서 부역을 면제하는 일.
135) 秦晉之誼: 두 나라는 대대로 혼인을 통해 서로의 호의가 두터움.
136) 다리미, 인두.
137) 마을 사람.

하게 함으로써 인정을 흡족하게 한다. 弔는 불쌍히 여기는 것이고 근심하는 것이다.

○ 弔는 人이 弓을 손에 쥔 것을 따른 것으로 세상에서 弔와 吊[138]로 쓰는 것은 모두 잘못이다. 원래 弔는 問喪[139]인데 글자를 만들면서 弓을 가짐으로써 不祥(상서롭지 못함)의 의미를 피한다.

④ 이웃 나라가 포위를 당하고 장수와 병졸이 크게 패하면 제후들이 재화를 모아서 재난에 처한 자를 구휼하는 것을 襘禮(회례)라고 한다.

襘는 古와 外의 反切이다.

○ 績은 功이고 일(事)이다. 襘는 재화를 모아서 합하여 부족함을 補足하는 것이다. 『周禮』・「秋官」・'大行人'의 "致襘以補諸侯之災(재화를 모아서 제후의 재난을 돕는다)"라는 기록과, 『春秋』・「襄公 三十年, 冬十月」의 "會於澶淵謀歸宋災(단연에서 모여 송나라의 재앙을 의논하였다)"라는 기사와, 「定公 五年, 夏」의 "歸粟於蔡(채나라에 곡식을 보냈다)"라는 기사가 이것이다. 아마 채나라가 제나라에게 포위되었기 때문일 것이다.

⑤ 밖에서 외적의 침략이 일어나고 안에서 반란이 일어났을 때 이웃 나라가 구원하는 것을 恤禮라고 한다.

병란이 밖에서 일어나는 것을 寇(외적의 침략)라고 하고, 안에서

---

138) 弔의 속자, '매달다'의 뜻.
139) 弔喪, 남의 喪事에 대해 조의를 표함.

일어나는 것을 亂(난리, 반역)이라고 한다. 外寇는 위나라와 형나라에 북방 오랑캐의 난이 있는 것과 같다. 內亂은 晉나라의 麗姬가 申生을 참소한 것과 위나라의 공자 輒이 아버지를 거역한 것이 이것이다. 恤은 근심하는 것이요 거두어들이는 것이다. 마음으로 불쌍히 여기고 몹시 슬퍼하며, 마음으로 哀痛해 하고 거두어들이는 것으로, 자기 몸에 근심이 있는 것과 같이 여기는 것이다. 그러므로 心과 血이 모여 恤이 된다. 그러므로 제나라 환공이 邢 땅을 구휼하며 "簡書同惡相恤之謂(兵事의 명령서는 미워하는 바가 같은 사람은 서로 돕는 것을 이르는 것이다)"라고 하였다.

○ 나는 외적의 침략과 반란은 죄에 따라 다스리고, 까닭 없이 화를 당한 자는 救恤하는 것이 예가 그 마땅함을 얻은 것으로 생각한다.

(3) 빈례(賓禮)

그 세목은 여덟이다. 列國이 親附[140]하는 것을 賓이라고 한다. 제후가 來朝하나 그 명분이 같지 않다.

賓禮로써 방국을 가까이한다. 대개 天子와 諸侯 사이에는 賓主의 예가 있다. 제후는 모두 왕에게 알현하므로 같다고 한다.

① 봄에 알현하는 것을 '朝'라고 하는데 이른 아침에 조회함과 같다. 朝의 음은 潮이다. 朝란 일찍 오고자 하는 것이다.

---

140) 心服함.

② 여름에 알현하는 것을 '宗'이라고 하는데 임금을 높이는 도리이다.

宗은 尊이라는 뜻인데 왕을 존중하고자 하는 것이다.

③ 가을에 알현하는 것을 '覲'이라고 하는데 王事(제왕의 사업)를 勤勞(부지런히 일함)하는 것이다.

覲은 勤(부지런히 일함)이란 뜻이다. 왕의 일을 부지런히 하고자 하는 것이다.

④ 겨울에 알현하는 것을 '遇'라고 하는데 期約함이 없다는 뜻이다.

遇는 偶(뜻하지 아니함)이다. 그 뜻하지 아니할 때 함께 도래하고자 함이다.

○ 나는 제후가 왕을 조회함은 과연 일찍 하며, 존중하며, 부지런히 해야 한다고 생각한다. 그러나 세 계절에 조정에 알현하면서, 朝라 하고 宗이라 하고 勤이라고 하는데, 그 명칭은 비록 다르지만, 의미(법도, 도리)는 한가지이다. 네 계절의 조회에 제후가 함께 모임은 서로 만나지 않음이 없는데, 겨울에는 遇(우연히 만남)라고 함은 어찌 그런가? 剛中은 "겨울에는 만물이 뿌리로 돌아가니 이때에는 속에 숨어 겉으로 드러나지 않는다. 이때 서로 만나 보는 것은 아마도 그 邂逅(오랫동안 헤어졌다가 우연히 다시 만남)의 의미를 취하는 것이다"라고 하였다.

○ 『禮記』・「曲禮」 下141)에 "天子는 제후를 불러들여 볼 때 병풍

---

141) 목판본에는 儀禮疏라고 되어 있다.

을 뒤에 치고 南面하며 제후는 北面하여 천자를 알현하는 것을 '覲'이라고 한다. 천자는 정문 안의 중간 뜰에 자리를 잡고 (宁),[142] 諸公은 東面하고 제후는 西面하여 천자를 알현하는 것을 '朝'라고 한다"라는 기록이 있다. (이에 대해) 鄭玄은 "제후가 봄에 천자를 알현하는 것을 朝라 하는데, 조정에서 예물을 받아서 宗廟에 제사를 드림은 氣의 威儀를 이루는 것이다. 가을에 알현하는 것을 覲이라고 하는데, 한번 종묘에서 받는 것은 氣質을 다스리는 것이다. 朝란 內朝[143]에 위치하여 차례로 나아가는 것이고, 覲이란 종묘의 문밖에 위치하여 차례로 들어가는 것인데 왕은 南面하여 병풍(扆)[144]을 치고 정문 안의 중간 뜰에 자리를 잡고 받는다. 夏宗[145]은 봄에 의거하며 冬遇[146]는 가을에 의거한다. 봄과 가을에 제나라 제후가 위문하면 노나라 昭公은 '遇'의 예로써 (죽은 사람에 대한 조의를 弔라 하고, 산 사람으로서 슬픈 일을 당한 이를 찾아가 위로하는 것을 唁이라고 한다) 서로 만났는데 편안하고 간략함을 취한 것이다. '覲'의 禮는 지금도 있지만 '朝'·'宗'·'遇'의 禮는 지금은 없다"라고 註解하였다.

⑤ 時見(시현)[147]이란 정해진 기일이 없이, 왕에게 不服하는 일이

---

142) 고대 중국의 군주가 조회를 받기 위해 마련한 자리, 정문 안의 중간 뜰에 위치함.
143) 주나라의 三朝 중 천자가 휴식하는 곳.
144) 높이 8척, 도끼 모양을 수 놓은 병풍으로 천자의 거처에 친다.
145) 여름에 알현함.
146) 겨울에 제후들이 같이 알현함.
147) 제후가 大事가 있을 때 천자를 조회함. 『주례』·「추관」·'대종백'.

있으면 壇을 쌓아 맹세하고 마땅히 정벌하는 것을 말한다. 나라 밖
에서 제후들이 모여 하나가 되어 壇을 쌓고 서약함으로써 섬기는 것
이니 이것을 '會'하고 한다.

春秋傳에 "일이 있으니 모이고, 복종하지 않으니 盟誓한다"라고
하였다.

⑥ 殷見(은견)148)이란 六服149)이 모두 조회하면 왕 또한 壇150)을 쌓
고 정사를 위임함으로써 그 德이 한가지이니 이것을 '同'이라고 한다.

殷은 많다(衆)는 뜻이다. 服은 좇다(屬)는 뜻으로 從이다. 服은 천
자를 좇아 섬기는 것이다. 六服151)은 王畿152)와 侯服, 甸服, 男服,
采服, 衛服이고, 또는 왕기와 侯服, 甸服, 綏服, 要服, 荒服이다.153)

[부주] 朱子는 "衆覩(중조)154)는 同155)이라고 한다'라고 하였다.

⑦ 時聘(시빙)156)이란 또한 정해진 기일이 없이 천자에게 일이 있

---

148) 왕이 12년에 한 번 순수하는데 만약 순수하지 않으면 제후가 함께 왕도에 와서
조회하는 것. 『주례』·「추관」·'대행인'·'대종백'.
149) 王畿 주위로부터 500리씩 구분한 여섯 지역.
150) 임금의 조회에 이용하는 곳.
151) 王畿 주위로부터 500리씩 구분한 여섯 지역, 후복·전복·남복·채복·위복·만복.
152) 천하를 九服으로 나누어 王城으로부터 사방 각각 500리의 땅, 곧 方千里의 땅.
153) 【역주】九服 - 周代에 王畿를 千里四方으로 하고 그 주위를 상하좌우 각각 500
리마다 1畿로 구획하여 侯服, 甸服, 男服, 采服, 衛服, 蠻服, 鎭服, 蕃服으로 함.
服은 천자에게 복종한다는 뜻임. 九畿라고도 함 / 五服 - 왕기를 중심으로 하여
주위를 순차적으로 나눈 다섯 구역. 侯服, 甸服, 綏服, 要服, 荒服. 한 服은 500리.
154) 무리 지어 천자를 알현하는 것.
155) 조회, 제후가 12년에 한 번 동시에 천자를 뵙는 일.
156) 천자가 일이 있을 때 제후가 신하에게 來朝케 하는 예. 『주례』·「추관」·'대행인'·
'대종백'.

으면 찾아가서 안부를 묻는데 이것을 '問'이라고 한다.

聘157)은 聘物을 가지고 禮를 표한다. 『禮記』11권·王制(第五)에 "제후는 천자에 대하여 매년 한 번 小聘하고 3년마다 한 번 大聘한다"라는 기사가 있다. (이에 대한 鄭玄의 注에) '소빙은 大夫를 보내고, 대빙은 卿을 보낸다'라고 하였다.

⑧ 殷覜(은조)158)란 천자에게 복종하여 섬기는 것 중의 하나로서 조빙하는 자는 드물다. 제후는 경卿이 大禮로써 방문하여 문안을 드리는데 이것을 '覜'라고 한다.

覜(조)와 眺(조)는 다 같이 視라는 뜻이다.

○ 『周禮』·「추관」·'大行人'에 "봄에는 천자가 제후를 朝見하면서 천하의 일을 꾀한다. 가을에는 覲(부지런히 일함)으로써 邦國의 功을 견주는 것이다. 여름에는 천자를 높임으로써 천하의 계책을 말하여 밝힌다. 겨울에 기약함이 없이 알현함으로써 제후의 計慮에 협력한다. 일이 있을 때 조회하고 맹세함으로써 四方의 계율을 드러낸다. 제후들이 함께 조회함으로써 천하의 정사를 널리 전한다. 時聘함으로써 제후와 우의를 맺는다. 殷覜(은조)159)함으로써 방국 간의 재앙을 제거한다"라고 하였다.

○ 舊說에는 時會와 殷同이란 제후가 마땅히 매년 朝覲160)하는 것이 아니고 명령을 받들어 분주히 돌아다니며 천자를 알현하는

---

157) 찾아가서 안부를 물음.
158) 제후가 卿에게 천자에게 방문하여 문안케 하는 예. 『주례』·「추관」·'대행인'·'대종백'.
159) 제후가 卿에게 천자를 방문하여 문안케 하는 예.
160) 천자를 조회하거나 천자의 일을 부지런히 하는 것.

것을 말한다고 하였다. 시빙과 은조(殷覜)는 제후 사이에 매년 신하를 파견하여 천자를 문안하는 것을 말한다. 剛中은 "聘은 財物(聘物)로써 예를 갖추는 것인데 그것을 이름하여 '問'이라고 한다. 問遺(문유)[161]의 뜻이다. 覜(조)는 알현함으로써 예를 갖추는 것인데 그것을 이름하여 '視'라고 한다. 省視(살피고 찾아봄)의 의미이다. 그러나 왕으로서는 問遺, 省視라 하겠지만, 제후는 의무에 따른 것이다. 제후로서 말한다면 문유와 성시라고 하겠지만, 천자로서는 그 말이 不順한 것이다. 『주례』·추관·大行人의 '時聘以結諸侯之好 殷覜以除邦國之慝'(위 참조)이란 말은 곧 천자가 제후를 본다는 語句이다. 이미 제후가 천자에게 신하와 卿을 보내어 찾아보게 한다면 大行人의 글과 맞지 않고, 王者의 禮로 보면 大宗伯의 '제후가 王을 알현한다'라는 글과도 맞지 않는다. 일찍이 두 관직을 합쳐 상고해 보면 아마도 聘覜의 禮는 왕과 제후가 서로 섞여 사용한 것이 아닌가 한다. 그러므로 그 이름이 다르지 않다. 어째서 이렇게 말하는가? 시빙과 은조는 춘조와 하종의 아래에 이어지니 問이라 하고 視라 하는데, 제후가 천자에게 문안하고 찾아뵙는 禮이기 때문이다. 만약 대행인의 '結(諸侯之)好, 除(邦國之)慝'의 글로써 例를 들면 또 '王者는 聘으로써 제후와 우의를 맺고, 覜로써 방국의 재앙을 제거한다'라는 것이다. 사람들이 다만 옛날의 '매년 小聘을, 三年마다는 大聘을 하는데, 소빙에는 大夫를 보내고 대빙에는 卿을 보낸다'라는 글을 볼 뿐이지만, 모두 신하

---

161) 안부를 묻고 물건을 선사함.

가 임금에게 찾아뵙고 문안하는 것이다. 그리하여 '임금이 신하에게 빙조하는 도리는 없다'라고 하지만 특히 小行人에 '왕이 제후를 위무하는 까닭은 매년 편존162)하고 3년마다 偏覜하며 5년마다 偏省하기 위함이다'라는 글이 있는 것은 모르는 것이니, 왕(천자)이 제후에게 찾아가 문안하는 예가 있는 것이 분명하다.' 그러나 제후가 행하는 것을 問이라 하고 視라 하며, 천자가 행하는 것을 除慝163)과 結好164)라고 한다. 명칭은 비록 같지만 그 다름에 방해가 되지 않는다. 천자의 覜는 大行人의 '三年之禮'에 보인다. 聘禮165)는 춘추의 때에는 전해지는 것이 없고, 王臣이 노나라에 와서 문안한 것은 8번 있다. 이것 또한 증거로 삼을 만하다"라고 하였다.

(4) 군례(軍禮)

그 구분은 다섯이다. 방국이 화합하지 않으면 위엄으로 제어하여 하나로 歸附케 하니 이것을 軍이라고 한다.

別[bié]은 彼[bǐ]와 列[liè]의 반절이다. 아래도 같다.

○ 『周禮』·「夏官」·司馬에 "무릇 軍의 편제는 12,500인이 軍이 되는데, 왕은 6군으로, 대국은 3군으로, 그다음 나라는 2군으로, 소국은 1군으로 편성한다"라고 하였다. 이에 軍禮로써 방

---

162) 偏存, 천자가 巡狩하지 아니하는 해에 사신을 시켜 모든 제후를 두루 存問하게 하는 禮.
163) 방국 간의 재앙을 제거함.
164) 제후와 친분을 맺음.
165) 제후가 대부를 다른 나라에 사신으로 보내는 예.

국을 화합하는데, 화합이란 그 따르지 않고 분수에 어긋나는 자를 위엄으로 제어하여 제후국이 서로 和同케 하는 것을 말한다.

[부주] 五禮(오례)166)에서 軍禮는 그 하나를 차지한다. (『주례』·「夏官」·大司馬에) "大司馬는 방국의 九法167)을 맡아 정함으로써 왕을 도와 방국을 평화롭게 한다. 九伐168) (중략) 正月 초하루 아침에 방국에 布政하면 都鄙169)는 이에 政事를 魏闕170)에 매달아 법도로 삼아 萬民들로 하여금 정사의 법도를 열흘(挾日) 동안 살피게 하고 거둔다. (중략) 仲春에는 振旅171)를 가르치고 군대의 행렬을 바로잡는다. (중략) 그 결과로 蒐田(수전)172)하여 有司가 旌旗(정기)173)를 세우고 담비로 제사한다. (중략) 中夏에는 振旅의 陣과 같은 茇舍(발사)174)하는 법을 가르치고 軍號175)를 변별하게 한다. (중략) 그리하여 여름 사냥을 한다. (중략) 中秋에는 振旅의 陣과 같은 治兵을 가르치고 旗176)와 物177)의 쓰임을 변별케 한다. (중략) 그리하여 獮田(선전)178)을 한다. (중략) 中冬 농한기에는 大閱179)을 가르친다. (중략) 그리하여 狩田180)을 하는데 旌181)으로써 좌우의 軍門으로 삼는다. 곧 過君表182)이다. (중략) 교외에서 禽獸를 들밭으로 잡아서 太廟에 獻享한다"라고 하

---

166) 나라에서 행하는 다섯 가지 의식, 吉禮 凶禮 賓禮 軍禮 嘉禮.
167) 周代에 대사마가 나라를 다스리는 데 준수하여야 할 아홉 가지 법칙.
168) 아홉 가지 범죄를 짓는 자에 대한 誅伐의 법으로써 방국을 바르게 한다. 이 구법과 구벌을 집행하는 것이 대사마의 주요 職責이 된다.
169) 서울과 시골: 都는 왕의 자제의 食邑, 鄙는 公卿의 식읍.
170) 象魏: 궁성의 정문, 법령 등을 게시하던 곳. 象은 궁문의 바깥 양쪽에 만든 臺.
171) 군대가 대오를 정비하여 돌아오는 일.
172) 蒐는 봄철에 아직 새끼 배지 않은 짐승을 골라잡는 것.
173) 천자가 사기를 고무할 때 쓰던 기.
174) 노숙함.
175) 軍中에서 쓰는 암호.
176) 곰과 범을 그린 붉은 기로서 군대의 장수가 세운다.
177) 大夫나 士가 세우는 기.
178) 가을 사냥.
179) 임금이 몸소 참석하는 閱武.
180) 겨울 사냥.
181) 천자가 사기를 고무할 때 쓰는 기.
182) 거마가 군주 앞을 통과할 때 수레를 모는 법.

였다.[183)]

〇 挾과 浹은 같고, 貉과 禡는 같다.

① (왕이 몸소 征伐에 나설 때 自進하여 출전하는) 충의와 용기가
있는 군사의 무리를 끌어 쓰고 공을 이루는 것을 大師(대사)라고 한다.

剛中은 "五師[184)]로 軍[185)]를 삼고, 軍로써 師를 통솔하며, 師로써
旅를 통솔하고,[186)] 旅로써 卒을 통솔하고, 卒로써 兩을 통솔하고, 兩
으로서 伍를 통솔하여 上下가 서로 한데 묶여 북소리를 들으면 나아
가고 金[187)] 소리를 들으면 그치는 것을 이른바 同[188)]이라고 한다"라
고 하였다. 楊氏는 "군사의 隊伍를 편성하는 법은 앉고, 서고, 나아
가고, 물러남의 일상적 행동거지는 金과 鼓로써 하여 규칙을 어지럽
게 해서는 아니 되며, 左가 左를 공격하지 않고 右가 右를 공격하지
않으면 벌하며, 다섯 번 여섯 번 일곱 번 공격하면 이에 멈추고 대열
을 가지런히 하면 勇者는 감히 앞서지 않으며 怯者는 감히 뒤서지
않는다. 이것이 大師에서 무리를 쓰는 禮이다"라고 하였다.

② 토지에 부과하는 조세를 고르게 가지런히 하여 서민을 가엽게
여기는 것을 大均(대균)[189)]이라고 한다. 政의 음은 征이고 稅(구실)라는

---

183) 중략은 『주례』·대사마에는 있으나 부주에서는 생략한 부분임.

184) 軍은 12,500명, 師는 2,500명, 旅는 500명, 卒은 100명, 兩은 25명, 伍는 5명. 五
人爲伍 五伍爲兩 四兩爲卒 五卒爲旅 五旅爲師 五師爲軍

185) 군사의 長官.

186) 【역주】 이 부분은 필사본과 목판본 모두 '五師以爲軍 以軍統師 以師統旅'로 바로
잡아야 됨.

187) 八音= 여덟 가지 악기의 하나, 鐘.

188) 서로 같게 함.

뜻이다.

(『주례』·「地官」·'토균'에) "土均190)은 토지에 대한 세금을 고르게 관장함으로써 山林 沼澤의 일을 고르게 하며, 農圃의 일을 고르게 하며, 제후들의 九貢191)에 관한 일을 고르게 한다"라는 기록은 두루 천하를 모두 고르게 함을 일컫는 것이다. 고르지 않으면 백성이 고통을 받으므로 大均의 禮는 그 서민들을 긍휼히 여기는 까닭이다. 王昭禹192)는 "땅으로 말미암아 세금을 내고 집안(가족)으로 말미암아 부역이 생기는데, 땅에는 비옥하고 메마름193)의 차이가 있으니 세금에도 가볍고 무거움의 차이가 있어야 하며 집안에도 상·하의 구별이 있으니 부역에도 많고 적음의 구별이 있어야 한다. 이것이 그 백성들의 일을 긍휼히 여기는 까닭이다"라고 하였다.

[**부주**] (『주례』·「지관」·'균인'에) "均人194)은 地政195)을 고르게 하는 것을 주관하며, 山林 沼澤의 일을 고르게 하며, 農圃의 일을 고르게 하며, 人民과 牛馬 車輦의 力征을 고르게 한다. (그해 所出의 좋고 나쁨에 따라 力征을 고르게 하는데) 풍년에는 公旬196)을 3일 사역하게 하며, 中年197)에는 2일을 사역하게 하며, 無年198)에는 하루를 사역하게 한다. 凶札(흉찰)199)에는 力征이 없으며 財物과 貢物의 구실

---

189) 大均: 국민의 부담을 공평하게 하여 고루 긍휼함.
190) 방국의 都鄙에 대한 토지의 법과 稅收의 일을 관장하는 관직.
191) 천자가 收取하는 각 제후국의 아홉 가지 貢品: 『주례』·「천관」·'大宰'에 "以九貢致邦國之用 一曰祀貢 二曰嬪貢 三曰器貢 四曰幣貢 五曰材貢 六曰貨貢 七曰服貢 八曰斿貢 九曰物貢".
192) 宋代의 경학가, 『周禮詳解』를 撰함.
193) 『孟子』, '地有肥磽'
194) 토지의 부세 및 力役을 담당하는 관직.
195) 토지에 부과하는 세금.
196) 백성에게 공평하게 과하는 노역이나 부역.
197) 平作의 해.
198) 凶作의 해.
199) 흉작의 해와 전염병이 도는 해.

도 없다. 山林 沼澤의 일과 農圃의 일에 대해서도 거두지 않는다. 3년마다 한 번 인구를 登記하며 財物과 牲畜²⁰⁰⁾을 點檢함은 백성에게 부과하는 조세를 고르고 가지런하게 하여 서민을 가엽게 여기는 것(大均)이다'라고 하였다.

○ 旬은 均의 뜻으로 同(公平함)이다. 옛날에는 백성의 노력을 사역함에 일 년에 3일을 넘지 않았다.

③ 田獵(사냥)으로 말미암아 군사를 익숙하게 하며 전차와 보병의 수를 검열하는 것을 大田(대전)이라고 한다. 并(斤+丬)는 세상에서 兵으로 쓴다.

禽獸²⁰¹⁾를 사로잡는 것을 田(사냥)이라고 한다. 네 계절의 사냥은 봄에는 蒐田, 여름에는 苗田, 가을에는 獮田, 겨울에는 狩田이다. 王者는 겨울 동안에 사냥으로 말미암아 大閱²⁰²⁾을 한다. 田獵을 할 때는 수레(전차), 보병, 旗와 북, 그리고 甲兵²⁰³⁾등을 부린다. 大閱은 軍馬를 가려 뽑아서 練習하는 것을 말한다. 司馬가 그 禮를 주관한다. 이것이 戰陣을 가르치는 법도이다.

④ 城을 쌓고 연못을 파는 데 백성의 힘을 사용하는 것을 大役(대역)²⁰⁴⁾이라고 한다.

役은 工作²⁰⁵⁾이다. 백성의 힘의 강함과 약함에 따라 부리어 有司가 그침이 없이 성을 쌓고 연못을 파게 하여 이에 그 대강을 세운다.

---

200) 제사에 쓰려고 기르는 가축.
201) 날짐승과 길짐승, 모든 짐승.
202) 임금이 몸소 참석하는 閱武.
203) 갑옷, 투구, 병기.
204) 국가의 대공사.
205) 토목공사.

⑤ 그 封疆(경계)을 바르게 하고 編氓(편맹)206)을 合聚(한데 모아 서 합침)하는 것을 大封(대봉)이라고 한다.

그 백성을 한데 모아 합침으로써 경계와 도랑과 도로의 방비를 바로잡는다. 封은 之와 土와 寸의 會意로서, 제후를 각각 그 영지(土)로 보내어(之) 그 법도(寸)를 지키게 한다는 뜻이다.

○ 王畿207)의 地境이 500리는 大國이요, 사방 100리면 小國이며, 사방 50리는 서민들의 聯比208)이다. 백성의 가옥과 이름은 有司에게 올린다. 一說에는 '제후가 경계를 침범하면 民庶들이 옮겨가 합취할 수 없으므로 군대를 보내어 그 경계를 바로잡아 각각 그 지역을 안정시킨다. 땅은 정해진 구역이 있고 백성은 일정한 주인이 있다'라고 한다.

(5) 가례(嘉禮)

구분은 여섯이다. 만민을 사랑하여 가깝게는 어버이로부터 비롯하여 위에서 행하면 아래가 본받아서 그 예가 善에 이르는 것을 嘉(嘉)라고 한다.

이것은 만민을 사랑하기 때문이다. 人心의 착한 것으로 말미암아 만들고 主掌한다. 『周易』·「文言傳」에 '亨者嘉之會也(亨은 착하고 아름다운 것이 모인 것이다)'라고 하고 또 "嘉會足以合禮(착하고 아름다운 것이 모이면 禮에 합치할 수 있다)"라고 하였다. 剛中은 "人

---

206) 다른 나라나 지방에서 이주해온 백성.
207) 천하를 九服으로 나누어 王城으로부터 사방으로 각각 500리, 곧 方千里의 땅.
208) 五家爲比 十家爲聯, 서민들의 행정 구역.

君이 宗族과 故舊와 함께 사방의 빈객, 同姓과 異姓의 邦國을 대접하면서 '만민을 사랑한다'라고 하는 것은 왜 그런가?"라고 하였다. 『맹자』는 '인륜이 위에서 밝혀지면 小民들은 아래에서 친목하게 된다.209)'라고 하였다. 人君이 四海의 넓은 땅을 다스리고 이에 널리 알려주면 그들이 서로 친목하게 할 수 있다. 위에서 몸소 행하여 아래가 보고 교화시키면 너의 형제·붕우·남녀·빈객과 동성의 사랑이 어찌 인군에게만 있겠는가. 백성도 또한 있다. 인군이 위에서 親親하면 백성도 또한 아래에서 親親한다"라고 하였다.

[부주] 嘉는 喜樂이다. 親友들과 會聚하여 주연을 베풀고 대접하면 또한 반드시 즐거움과 아름다운 음악이 있다. 글자가 그러므로 豈(kǎi, 화락할 개)를 좇는다. 豈는 옛날에 鼓(고, 북) 자로서 象形(文字)인데 여기에 加(jiā)의 소리를 더하여 세상에서는 嘉(jiā)라고 쓴다.

① 飮食之禮(음식지례)는 宗族과 親睦하는 것이다.

人君이 宗族을 먹이는 禮度에 비록 가까이함과 진력함이 있을지라도 다르지 않음은 친애하기 때문이다. 「文王世子」210)에 "族食世降一等(종족을 먹임에는 대대로 하나씩 등급을 내린다)"이라고 하였다. 孔氏는 "同姓이 宗이 되는데 合族의 의미가 있으므로 姓으로 연이어서 구별하지 않으며, 음식으로 연이어서 다르게 하지 않는다. 人道는 親親을 중히 여기며 그 법도는 음식이 주가 된다"라고 하였다.

O 殊(다름)는 음식의 많고 적음(의 다름)이다.

---

209) 【역주】「등문공」상, 3
210) 『예기』의 편명.

② 冠婚之禮(관혼지례)는 남녀가 새롭게 이루어지는 것이다.

昏은 婦家[211]이다. 禮에 해 질 무렵에 부인을 맞이하는데 아마도 부인은 陰이기 때문일 것이다. 冠昏에서 冠을 말하고 笄(계)[212]를 말하지 않고, 昏을 말하고 姻을 말하지 않은 것은 省文(생문)[213]이다. 剛中은 "관례는 처음이고 昏禮는 근본이다. 冠禮로써 그 德을 이루고 昏禮로써 그 情을 가깝게 한다"라고 하였다.

[부주] 관례는 인륜의 매우 귀중한 것이다. 근세에 인정이 없는 경박한 사람들이 겨우 대여섯 나이에 참람한 짓을 하는 것을 놀이로 삼고, 습속에 따라 나이가 이르면 대우하는 것을 당연하게 여기는데 진실로 成人의 도리를 알지 못하는 것이다. 그런 까닭에 풍속이 두텁지 못하다. 옛날에는 남자 나이 20이면 관례[214]를 행하고 관례를 행하면 (이름 대신에) 字를 부르는데 이는 성인의 도리를 무겁게 여기는 까닭이다. 『禮記』·『冠義』의 注에 "嫡子는 阼(조)[215]에서 관례를 함으로써 혈통을 분명히 하고, 庶子는 房戶[216]의 밖에서 관례를 행한다"라고 하였다.

○ 『儀禮』·「士昏禮」의 賈公彦 疏에 (鄭玄의 『삼례목록』을 인용하면서) "士昏禮에는 여섯 가지 주요한 절차가 있는데 納采, 問名, 納吉, 納徵, 請期, 親迎이다"라고 하였다. 迎은 사위가 기러기를 잡고 가서 婦翁(丈人)에게 절하고 부인을 맞아 오는 것이다. 孔子는 '大昏[217]은 지극히 중하다. 대혼이 이미 이루어지면 면류관을 쓰고 몸소 親迎한다'라고 하였다. 또 '大昏은 萬世를 계승한다'라고 하였다. 『禮記』에 "婦人을 맞는 집안은 삼일간 樂思와 嗣親을 행하지 않는다"라고 하였다.

---

211) 아내의 친정, 妻家.
212) 비녀.
213) 字句를 생략한 글.
214) 갓을 쓰고 성인이 되는 예식.
215) 동편층계, 주인이 당에 올라가는 계단.
216) 방의 문, 집의 正室 옆에 있는 방.
217) 임금이나 왕세자의 혼인.

③ 賓射之禮(빈사지례)는 제후가 조정에 와서 왕과 함께 손님과 주인으로 활쏘기를 함으로써 朋友와 故舊를 가까이하는 것이다.

剛中은 "인군에게는 大射, 燕射, 賓射가 있다. 대사란 선비를 가려 뽑아 제사를 돕게 하는 활쏘기이다. 연사란 인군과 신하가 편안하게 쉬면서 활을 쏘고 마시는 것이다. 빈사란 제후가 來朝하면 천자가 들어 손님과 주인의 예로써 활쏘기를 하는 것이다.218) 대개 朝會함으로써 군신의 신분(적 차등)을 밝히고 연사와 빈사는 임금의 은혜를 밝히는 것이다"라고 하였다. 康成은 "왕이 세자 시절에 때때로 함께 학자들과 한다. 천자에게는 벗과 여러 신하와의 법도가 있는데 손님으로 대우하여 더불어 활쏘기를 함으로써 인군이 故舊(오랜 친구)와 朋友의 情好219)를 잊지 않음을 보여 준다"라고 하였다.

④ 饗燕之禮(향연지례)가 있는데, 饗은 몸소 드리는 것이고, 燕은 도마에서 음식을 가름으로써 빈객이 친해지는 것이다.

折(zhé)은 음이 哲(zhé)이다. 且는 옛날의 俎인데, 几의 다리가 있고 두 橫木의 아래에 一(地)이 있는 것을 따른 것이다. 象形으로 빌려서 語詞로 삼은 것이다. 後人이 고기를 반으로 쪼개 놓은 것(半肉)으로 더해서 俎로 씀으로써 구별하였다. 饗燕과 饗宴은 통한다.

○ 杜預220)는 "饗은 조정에서 하고 燕은 正寢에서 베푼다. 제후를 賓이라 하고, 제후의 신하를 客이라 하며 향연의 예로서 대접함으로써 隆崇한 情을 보인다. 『春秋』·成公 13년에 '饗으로써

---

218) 『예기』·「射儀」, 孔穎達疏 참조.
219) 情誼가 좋은 사이.
220) 222-284, 서진의 경학가, 『春秋左經傳集解』를 저술함.

共儉[221]을 가르치고 燕으로서 慈惠를 보인다'라고 하였다. 饗은 몸소 드리는 것인데 几(궤)[222]를 준비하지만 기대지는 않고, 잔을 채우지만 마시지는 않으며, 겉으로만 안주가 있고 먹지 않음으로써 공검을 가르친다. 燕은 신을 벗고 당에 올라 도마 위의 음식을 갈라 같이 먹고 술을 베풀지만 (수효를) 세지 않으며 알맞은 정도로 취하고 멈춤으로써 은혜를 보인다"라고 하였다.

○ 나는 "體薦[223]에는 羊이나 돼지의 등뼈와 좌우의 희생 반쪽을 함께 베푸는데 다만 그 淺近한 것을 버리면 구멍을 뚫은 고깃덩어리일 뿐이다. 양쪽 어깨뼈, 양쪽 넓적다리, 양쪽 갈빗대 등 모두 일곱으로 가르거나 혹은 양과 돼지를 매번 등뼈가 붙어 있는 오른쪽 반쪽을 베푼다. 등뼈는 세 부분인데 正脊, 脡脊, 橫脊이다. 앞부분 肱(굉)[224]을 떼어놓으면 셋이 되는데 肩, 臂, 臑이다. 股[225] 뼈에서 髀[226]을 떼어놓으면 둘이 되는데 肫과 胳이다. 脅은 세 부분이 있는데 短脅, 正脅, 代脅이다. 모두 11 부분인데 대중을 대접할 때는 왼쪽 반쪽을 合升[227]하여 여덟 부분으로 깎아 고기의 반을 잘라서 베푼다. 禮家에서는 胖[228]

---

221) 삼가고 검약함.
222) 안석. 나이가 많아서 벼슬에서 물러난 대신이나 중신에게 임금이 주는 기구. 앉을 때 팔을 얹고 기대어 몸을 편하게 한다.
223) 왕이 몸소 드림.
224) 팔뚝.
225) 뒷부분 넓적다리 혹은 정강이.
226) 장딴지, 대퇴골.
227) 음식물을 합하여.
228) 희생의 절반.

을 牛이라고 여긴다. 體胖이란 두 조각으로 나눈 오른쪽을 말한다. 臑(노)[229]는 양과 돼지의 앞발, 넓적다리, 후경골, 정강이다. 且(조, 俎)는 희생의 고기를 드리는 궤이다"라고 생각한다.

O 빈객은 朝聘[230]한 신하이다.

O 肩은 앞다리의 윗마디이고, 臂는 앞다리의 중간 마디이고, 臑는 앞다리의 아랫마디이다. 발굽을 제거한 바른 등뼈의 제1, 제2 마디가 뼈의 脡[231]이고 등뼈의 제3, 제4 등뼈가 橫[232]이고 등뼈의 제5, 제6 마디가 등뼈의 代이다. 옆구리 갈빗대 앞 두 개가 뼈는 바르고 가운데 두 개의 뼈는 짧으며 뒤쪽 두 개의 뼈는 肫(순)[233]이다. 뒷다리 가운데 마디는 胳이고 뒷다리 아래 마디는 去蹄[234]이다. 臑(nào)는 奴(nú)와 刀(dāo)의 반절이다. 肫과 胳은 음이 純과 各이다. 胖은 음이 判(pàn)이다.

[부주] 천자는 노인을 양생하고 현인을 존경하여 향연의 예를 베풀어서 융숭하고 정성스러움을 示敎한다. 이는 三代[235]가 숭상한 것이다. 唐 開元[236] 2년 9월에 노인에게 含元殿[237]에서 잔치를 베푸는데, 90세 이상에게는 几杖[238]을 하사하고 80세 이상에게는 鳩杖[239]을 하사하고 부인에게도 또한 같이했다. 唐 天寶[240] 元年

---

229) 팔꿈치, 정강이. 동물의 앞다리.
230) 조정에서 불러들인.
231) 중앙부.
232) 뒷부분.
233) 광대뼈.
234) 발굽을 제거한 부분.
235) 하, 상, 주의 세 왕조.
236) 현종 초기의 연호, 713-741.
237) 唐의 수도인 長安에 있던 궁궐.
238) 궤장: 案席과 지팡이.
239) 구장: 손잡이에 비둘기 모양이 새겨진 지팡이.
240) 현종의 두 번째 연호, 742-756.

에는 州縣에 鄕飮酒禮를 頒布하고 매년 12월에 시행하였다. 宋 高宗 紹興[241] 26년에는 里社[242]에서 시행하는 것을 허락하였다. 『禮記』 제45 「鄕飮酒義」에 "손님과 주인은 하늘과 땅을 상징하고 손님을 돕는 사람과 주인을 돕는 사람은 음과 양을 상징한다. 三賓[243]은 三光[244]을 상징하고, 사면에 앉음은 사시를 상징한다. (중략) 50세는 立侍해서 정사의 직무를 결정한다"라는 기록이 있다. 대저 주인이 수령으로 손님을 위해 동남쪽에 앉음은 盛德의 仁의 기풍이다. 손님은 임시로 거처하는 사람으로 나이와 덕이 높거나 致仕者[245]가 서북쪽에 앉음은 尊嚴의 義의 기풍이다. 僎(준)[246]은 주인을 돕는 자로서 倅貳(쉬이)[247]가 되어 동북쪽에 앉는다. 介는 손님을 돕는 자로서 次長者(長에 다음가는 지위)가 되어 서남쪽에 앉는다. 여러 손님은 또 다음이 되어 賓과 介의 뒤에 위치한다. 또 僚友(요우)[248]의 자리를 설치하여 동쪽과 서쪽에서 서로 향하게 한다. 그 나머지 出仕者와 未仕者는 나이의 순서에 따라 양쪽 행랑에 위치한다. 또 예를 알고 많은 사람을 心服시키는 한 사람을 추천하여 司正으로 삼고 더불어 예를 익힌 선비가 앞서서 예를 주장하여 서로 이끌고, 새벽녘에 주인 이하가 먼저 先聖 先師에게 채소류를 바치고 물러나 기다리면 賓은 庠校[249]의 문밖에서 세 번 揖하고 세 번 사양한 다음에 올라 마침내 예를 행한다. 음악이 시작되면 鹿鳴,[250] 魚麗,[251] 關雎[252] 등의 시로 노래를 부르고, 衆賓이 제사를 올리고 계단을 내려오면 주인은 司正에게 觶(치)[253]를 들게 하여 기다린 후에 술잔을 서로 주고받아서 서로 번갈아드는데 수를 헤아리지 않고, 음악도 수를 헤아리지 않는다. 예가 이루어지고 음악이 갖추어지면 주인은 절하여 보내기를 마친 다음에 물러난다. 禮樂에는 부족함이 없이 갖추어져 있으니 그 禮儀의 法式은 별도로 기록한다.

---

241) 1131-1162, 고종의 두 번째 연호.

242) 마을에서 地神을 모시는 사당.

243) 衆賓, 여러 손님.

244) 해, 달, 별.

245) 나이가 들어 물러난 관리.

246) 鄕飮酒禮 때 유사가 되어 손님을 대접하는 사람.

247) 지휘관을 보좌하는 관리.

248) 同僚, 같은 일자리에 있는 벗.

249) 商, 周代의 鄕學.

250) 詩經 小雅의 篇名.

251) 시경 소아의 편명.

252) 시경 국풍의 편명.

253) 鄕飮酒禮에 쓰는 술잔

⑤ 脹膰之禮(신번지례)는 祭肉을 나누어 동성의 나라를 화목하게 하여 福祿254)을 함께한다. 脹은 是(shi)와 軫(zhen)의 반절이다.

脹膰255)은 종묘와 사직에 제사를 지내거나 出師(출병)와 토지에 제사를 지내는 고기이다. 天王(임금)이 同姓에게 나누어 주는 까닭은 그 福祿을 함께하는 것이다. 『춘추좌전』・定公 14년 5월의 "天王使石尙來歸脹(임금이 석상에게 와서 날고기를 보내주게 하였다"라는 기사가 이것이다.256) (脹은) 一說에는 祭肉을 담은 그릇이거나 무명조개(蜃, 大蛤)의 모양과 같거나 혹은 무명조개의 껍데기로써 장식했기 때문에 이름이 붙여진 것이라고 한다. 膰은 燔과 통하며, 양념하여 대꼬챙이에 꿰어서 구운 魚肉(炙)이나 통째로 구운 고기(炮)이다. 胜은 脹257)이고, 熟은 膰258)이다. 胜은 날고기이다. 胙259)는 福260)이다.

○ 剛中은 "兄弟와 同姓의 나라에 나누어주어 같이 先王을 섬기며 그 祭祀를 보전하면 마땅히 더불어 그 복록을 같이 한다. 제사의 고기는 神이 간직한 것이며 그것을 형제와 동성의 나라에 보내는 것은 곧 그들과 친해지는 것이다"라고 하였다.

[부주] 천자가 제사의 고기를 나누어 주는 것이 어찌 동성에 그칠 뿐이겠는가? 異姓의 제후 및 여러 신하에게도 또한 반드시 이르렀을 것이다. 『周禮』・「秋官」・大行人

---

254) 제사에 쓴 고기와 술.

255) 脹은 날고기, 膰은 삶은 고기. 즉, 날고기와 익힌 고기로 사직이나 종묘에 제사를 지낸 뒤에 동성의 나라에 하사하는 고기를 뜻한다.

256) 【역주】 歸는 饋(궤. 음식을 보내줌)라는 뜻이다.

257) 제사에 쓰는 날고기.

258) 종묘・사직에 쓴 익힌 고기, 제사가 끝나면 나누어 준다.

259) 조, 제사 지낸 고기, 음복 고기.

260) 복되게 하다. 제사에 쓴 고기와 술을 나누어 먹는데 이를 飮福이라고 한다.

의 이른바 "歸脤以交諸侯之福(날고기를 보내줌으로써 제후의 복을 주고받는다)"
라는 기사가 이것이다. 만약 노나라의 郊祀[261]의 燔肉[262]이 대부에게 이르지 않
으면 공자는 나아가서 무례를 비방하였을 것이다. 그러므로 제후, 대부, 士에게도
제육을 나누어 준 것이 맞다. 공자가 '붕우가 보내준 선물에 대해서 비록 수레와
말일지라도 祭肉이 아니면 절하지 않았다(『논어』·「향당편」)'라는 것은 이것을
이른 것이다.

⑥ 賀慶之禮(하경지례)[263]는 제후에게 기쁜 일이 있어 (천자가)
贊助할 때에는 물품으로서 경하하여 그 경사를 축하한다. 異姓 나라
의 婚姻과 甥舅(생구)[264]에게도 이 예로서 화목한다.

喜(기쁨)는 王命을 받거나, 벼슬을 내리거나, 아들을 낳거나,[265]
長壽를 기리는 일과 같은 것이다. 物은 玩好,[266] 幣帛,[267] 羊酒[268]이
다. 慶은 禮文[269]으로 敬意를 표하는 것이며 말로써 稱頌하는 것이
다. 혹은 지금의 詩詞와 啓事[270]와 같은 것이다. 『주례』·「추관」·
大行人에서는 "歸脤以交諸侯之福 賀慶以贊諸侯之喜(날고기를 보내
줌으로써 제후의 복을 주고받으며, 禮文으로 축하함으로써 제후의
기쁜 일을 도와준다)"라고 하였다.

〇 剛中은 "(천자가) 脤膰(=祭肉)을 나누어줌으로써 형제의 나라

---

261) 하늘과 땅에 올리는 제사.

262) 제사에 쓰는 고기.

263) 제후에게 賀慶할 일이 있으면 왕이 신하를 보내어 물품으로써 경사를 축하하는 예.

264) 舅甥, 천자와 제후가 각기 이성의 제후와 대부를 부르는 데 쓰이는 말.

265) 弄璋, 옛날 중국에서 아들이 태어나면 구슬(璋)의 장난감을 주고, 딸이 태어나면
     실패(瓦)의 장난감을 준 고사에서 온 말. 弄瓦.

266) 진귀한 노리갯감.

267) 돈과 비단.

268) 양고기와 술.

269) 謝禮의 편지.

270) 임금에게 아뢰는 문서, 上書.

와 화목하게 하며 이성의 나라에도 또한 친하게 지낸다. 그러므로 天王은 宰相이 제나라 제후에게 胙(조)271)를 크게 내리도록 했다"라고 하였다. 또 "천자가 文武(문관과 무관)에게 일이 있으면 伯舅272)에게 제사 지낸 고기를 크게 내린다. 두 왕의 후손에 이르러서도 또한 친하게 지낸다. 그러므로 皇武子는 '송나라 선대의 후손은 주나라에 客이 되므로 천자가 일이 있으면 삶은 고기를 보낸 것은 모두 오로지 동성만을 위한 것이 아니며 주로 날고기를 보내는 것으로 사의를 표했다'라고 하였다. 정이 친밀한 사람에게는 물품으로 은혜를 보이고, 정이 소원한 사람에게는 말에 기탁하여 뜻을 보인다. 그러므로 慶賀할 만한 일이 있으면 말로써 축하한다. 慶과 賀를 구별한다면 賀는 혹 財物로써 하고, 慶은 오로지 말로써 하는 것이다. 『주례』·「추관」·대행인의 '경하함으로써 제후를 돕는다'라는 말은 동성과 이성의 구별이 없이 통괄하여 제후라고 말한 것이며, 동성의 나라를 경하하지 않은 것이 아니라 요컨대 이성의 나라를 대접하는 것을 위주로 한 것일 뿐이다"라고 하였다.

[부주] 『說文解字』에 의거하면 "慶은 사람을 祝賀할 때 행한다. 옛날에는 사슴 가죽(鹿皮)으로 폐백의 예물로 삼았다. 그러므로 鹿과 愛을 따른다'라고 하였다. 살피고 소중히 여기는 것이 다스림을 시행하는 것이다. 大行人의 '賀慶'으로 말한다면 또한 賀는 재물로써 하고 慶은 오로지 말로써 한다는 의미에 그치는 것이 아니다.

---

271) 제사 지낸 고기.
272) 姓이 다른 제후를 존대하여 이르는 말.

二. 육악(六樂)[1] 周禮·「地官」·保氏의 下注에 보인다.

聖王의 다스림은 음악을 바로잡음으로 말미암아 즐거움을 그만두게 함이 아니다.

- 正教의 흥성은 音聲[2]에서 비롯된다. 음성이 바르면 혈맥이 움직이고 정신이 막힘없이 흘러 통하여 마음이 바르고 화락하다.
- (第1 音인) 宮音은 가운데에 있음으로써 四方을 총괄하며 聲이 무겁고 높아 임금을 상징한다.
- (第2 音인) 商音은 金에 속하며, 金은 끊고 마르는 것을 주로 하니 신하의 직분이다.
- (第3 音인) 角音은 木에 속하며, 봄에 만물이 아울러 나와 각각 구별이 있으니 백성의 모습이다.
- (第4 音인) 徵音은 火에 속하며, (여름에) 만물이 자라서 무성하면 모두 形體를 이루므로 일(事)에 견준다.
- (第5 音인) 羽音은 水에 속하며 사물(物)에 할당한다.[3]
- 宮音은 脾(비)[4]를 움직여 正信과 서로 응하며, 상음은 肺를 움직여 正義와 서로 응하며, 각음은 肝을 움직여 正仁과 서로 응하며, 徵音은 심장을 움직여 正禮와 서로 응하며, 우음은 신장을 움직여 正智와 서로 응한다. 이상은 『史記』에 아울러 보인다.

---

1) 황제에서 무왕에 이르는 六代의 樂.
2) 音과 聲, 곧 음악.
3) 『예기』·「악기」 제19: ‘宮爲君 商爲臣 角爲民 徵爲事 羽爲物’.
4) 지라.

[부주] 孔子는 "興於詩 立於禮 成於樂(詩에서 흥기하며 禮로써 서며 樂에서 완성한다. 『논어』·「태백」편)"이라고 하였다. 樂에는 五聲, 六律, 六呂가 있어 八音5)에 퍼 뜨려서 하늘과 땅, 사당, 여러 신에게 제사할 수 있으며, 燕饗의 禮와 賓射의 禮 에도 미치게 할 수 있다. 그런 후에 백성을 교화시키고 풍속을 이루어 천하와 국 가를 다스리는데 음악으로 말미암아 이루어지지 않는 것이 없다.6)

○ 옛날에 黃帝는 伶倫7)으로 하여금 大夏8)의 西쪽 崑崙山9)의 陰 地로부터 解谷의 竹을 취하여10) 十二律11)의 대나무 서까래를 만들고, 황종의 제1음인 宮으로서 六律과 六呂가 나오고, 候 氣12)로써 12鐘을 만들어서 五音과 律呂13)가 화합하여 황종 九 九의 數가 비롯되었다. 黃鐘은 子의 氣로 길이가 九寸, 둘레가 九分, 積은 810分에 이른다. 三分하여 하나를 던 아래에서 林 鐘이 나온다. 林鐘은 未의 氣로 三分하여 하나를 더한 위에서 太簇가 나온다. 太簇는 寅의 氣로 삼분하여 하나를 던 아래에 서 南呂가 나온다. 南呂는 酉의 氣로 삼분하여 하나를 더한 위 에서 姑洗이 나온다. 姑洗은 辰의 氣로 삼분하여 하나를 던 아 래에서 應鐘이 나온다. 應鐘은 亥의 氣로 삼분하여 하나를 더 한 아래에서 蕤賓이 나온다. 蕤賓은 午의 氣로 삼분하여 하나 를 거듭 더한 위에서 大呂가 나온다. 大呂는 丑의 氣로 삼분하

---

5) 여덟 가지의 악기. 金[鐘], 石[磬], 絲[絃], 竹[管], 匏[笙], 土[塤], 革[鼓], 木[祝敔].

6) 『禮記』·「樂記」: '音與政通'.

7) 황제 때의 樂官.

8) 기원전 3세기부터 기원전 2세기에 서남아시아에 있던 고대국가.

9) 중국의 서쪽에 있는 황하의 발원지인 聖山.

10) 取竹之解谷: 홈통이 있는 대나무.

11) 陽인 六律과 陰인 六呂의 총칭.

12) 5일이 1候, 15일이 1氣, 1년은 24氣 72候.

13) 聲音을 바로잡는 기구, 황제 때 영윤이 만든 대를 자른 통으로 음과 양 각각 6통 의 장단에 의해서 성음의 淸濁과 高下가 생긴다.

여 하나를 던 아래에서 夷則이 나온다. 夷則은 申의 氣로 삼분하여 하나를 더한 위에서 夾鐘이 나온다. 夾鐘은 卯의 氣로 삼분하여 하나를 던 아래에서 無射(무역)이 나온다. 無射은 戌의 氣로 삼분하여 하나를 더한 위에서 仲呂가 나온다. 仲呂는 巳의 기로 삼분하여 하나를 던 위에서 黃鐘이 나온다. 한 바퀴 돌아 다시 시작하니 또 淸聲[14] 네 가지가 있으니 황종·대려·태주·무역이 맑고, 그 음이 조화를 이룬다. 그러므로 언제나 鐘과 磬을 매달아 16번 교정한다. 대개 음악에는 隆殺(융쇄)[15]의 차이가 있다. 천자는 궁궐에 높이 걸고, 제후는 軒에 걸고, 대부는 判에 걸고, 士는 特에 건다.[16] 鐘磬은 簨(순)[17]과 虡(거)[18]에 거는데 기둥을 虡라고 하고 橫木을 簨이라고 한다. 鄭氏가 明堂의 위치를 주석하여 이르기를 "簨은 물고기 무리로 장식하고, 虡는 臝(라)[19]의 무리와 새 무리로 장식한다"라고 하였다. 또 『周禮』·冬官·梓人(재인)[20]의 직무를 이르기를 "두꺼운 입술로 입을 덮고 눈이 튀어나오고 귀가 짧으며 큰 가슴에다 엉덩이가 빛나며 큰 몸에 짧은 목을 가진 이와 같은 것을 臝(라)의 무리라고 한다. 항상 힘은 있으나 달릴 수는 없고, 그 소리가 크고 널리 퍼지니 무거운 것을 멤에 마땅하여 이와

---

14) 맑은소리.

15) 성하고 줄임, 덜.

16) 『주례』·춘관·小胥.

17) 종경을 다는 가로대.

18) 쇠북을 거는 틀.

19) 털이 짧고 사나운 짐승.

20) 簨, 虡, 飮器, 射侯(활 쏠 때 과녁으로 쓰는 베)를 만드는 목수.

같은 것으로 종을 거는 가로대로 삼는다. 그러므로 그 걸린 것을 치면 그 쇠북을 거는 틀로 말미암아 울린다. 날카로운 부리로 물어뜯고 빨리 보며 털이 적은 목덜미에 작은 몸에 이지러진 배를 가진 이와 같은 것을 羽[21]의 무리라고 한다. 항상 힘은 없으나 몸이 가벼워서 가벼운 것을 멤에 마땅하며 그 소리가 淸揚[22]하고 멀리 들려 磬(경쇠)에 마땅하니 磬을 다는 가로대로 삼는다. 그러므로 그 걸린 것을 치면 그 가로대로 말미암아 울린다. 머리는 작으나 길고 사로잡으면 肥大한 이와 같은 것을 물고기 무리라고 하며 筍(순)[23]으로 삼는다"라고 하였다. (이는) '용의 머리를 만들고, 목이 긴 모양에 옥을 입에 머금고 구슬 아래에 긴 털을 가진 소를 만들고, 꼬리는 簴으로 장식하고, 虡는 새와 짐승의 소리를 감득하니 모두 얼굴의 양쪽 옆 뺨을 움직이는 것이니 물고기 종류가 여기에 속한다. 簴이 곧 業[24]으로, 이것이 簴 위의 큰 板이다'라는 것을 이른 것이다. 『詩經』·「臣工之什」·有瞽에도 "設業設虡 崇牙樹羽(큰 널빤지를 세우고 쇠북 거는 틀 기둥을 세우며, 경을 거는 고리에 깃털 장식을 세운다)"라고 하였다.

○ 蠃는 음이 裸와 같고, 臞는 음이 悄(초)이며, 顅은 음이 慳(간)으로 목[25]이 긴 모양이다. 鴻은 음이 洪으로 肥大함이다. 頜(갈, 곤, 굴)은 음이 窟로서 얼굴의 양쪽 옆 뼈이다.

---

21) 날개 달린 새.
22) 맑고 높게 드날림.
23) 鐘磬을 다는 틀.
24) 종 다는 널, 종이나 북을 매다는 가로대 나무를 덮어씌우는 큰 장식 널빤지.
25) 胆, 목구멍, 정강이.

음악은 즐긴다는 뜻이다. 人心에서 나와서 관악기와 현악기로 널리 미치며, 시가를 읊고 춤을 추며, 번갈아 唱和26)하여 性情을 涵養하고, 邪穢(사예)27)를 蕩滌(탕척)28)하여 渣滓(사재)29)를 消融(소융)30)하여, 和氣를 온전하게 하고 風俗을 변화시킨다. 제도는 成均31)에 있으며 大司樂에 속한다. 덕을 즐기고 소리를 즐김으로써 國子를 가르치고, 이에 律呂로써 五聲과 八音을 가르치고 六代(황제~무왕)의 舞로써 크게 음악에 합하며, 天神과 地示를 정성스럽게 함으로써 방국을 화평케 하고 만민을 화합하며, 빈객을 편안하게 하고 멀리 있는 사람을 즐겁게 하며 動物을 일으킨다. 弦은 기쁨을 옮기는데 세상에서는 絃으로 쓰며 기쁨을 옮긴다.

『주례』에 "成均은 五帝의 學인데 (그 音律樂調를 가르치는 직책을) 大司樂이라는 樂官의 長이라고 이름하였다"라는 기록이 보인다. 『주례』·「춘관」·대사악에 "大司樂은 성균의 제도를 주관하여 나라를 세우는 學政을 다스리며 나라의 弟子들을 하나로 되게 한다. 덕이 있는 사람이 가르치게 하여 德을 즐김으로써 國子32)들을 가르쳐 공경히 항상 孝友33)로 中和시키며, 소리를 즐김으로써 도를 일으키고

---

26) 한쪽에서 부르고 다른 한쪽에서 이에 화답함.
27) 간사하고 더러움.
28) 깨끗이 씻음.
29) 가라앉은 찌꺼기.
30) 녹여 없앰.
31) 周代의 太學, 본래는 音律樂調를 뜻한다. 고대의 교육은 禮樂을 위주로 하여 성균을 태학에서 예악을 가르치는 곳으로 삼았다.
32) 公卿大夫의 자제.
33) 부모에 대한 효도와 형제에 대한 우애.

言語34)를 諷誦35)하게 하며, 六律인 黃鐘·대주·고선·유빈·
이칙·無射의 陽의 소리를 가르치게 하며, 六呂인 大呂·협종·중려·
임종·남려·應鐘의 陰의 소리를 가르치게 한다. 五聲인 宮·商·角·
徵·羽로써 가지런하게 하고, 八音인 金·石·土·革·絲·木·
匏·竹으로 소리를 올렸다 내렸다 하며, 六代의 음악과 춤을 하나로
되게 한다"라고 하였다.

　○ 무릇 음악의 쓰임은 그 효과가 크다. 대개 秦나라의 郊祀와 廟
　　祠는 귀신이 와서 감동하여 은혜를 베풀며, 제후는 邦國이 和
　　協하여 베풀며, 鄕射36)에서 萬姓37)에게 화락하게 베풀며, 宴
　　享38)에서는 賓客이 安寧하고 四夷가 來朝한다. 음악을 일으켜
　　연회를 베풀면 멀리 있는 자도 說懌39)하여 북을 치며 춤을 춘
　　다. 동물은 鱗,40) 羽,41) 臝,42) 毛43) 介44)의 五蟲이다. 음악이
　　눈부시게 빛나 만물이 움직이는 것은 마치 경쇠를 치면 많은
　　짐승까지 음악에 감동하여 춤을 추는 것과 같으며, 簫韶45)의
　　음악을 아홉 번 연주(簫韶九成)하면 봉황이 날아와서 춤을 추

---

34) 詩文의 成句.
35) 소리 내어 글을 읽음.
36) 鄕大夫가 과거를 보일 때 실시하던 射禮.
37) 여러 백성.
38) 잔치를 베풀어 손님을 대접함.
39) 기뻐함.
40) 물고기.
41) 새.
42) 털 짧은 짐승, 범 표범 따위.
43) 길짐승.
44) 甲殼類.
45) 순임금이 만든 곡조.

는 것(鳳凰來儀)과 같다.

[부주] 天神·地示·人鬼를 제사하는 음악은 천신을 제사할 때는 圜鐘46)을 宮으로 삼고, 黃鐘이 角이 되며, 태주가 徵가 되며, 姑洗을 羽로 삼는다. 雷鼓(八面鼓)와 雷鼗 즉 孤竹47)으로 만든 管,48) 雲和(山)에서 나는 나무로 만든 琴瑟49)로 연주하고, 雲門의 춤50)을 춘다. 겨울에 땅 위의 圜丘51)에 이르러 음악의 곡조가 여섯 번 변하면 天神이 모두 강림하는데, 생각건대 천신은 북극성을 主로 하며 먼저 이 음악을 연주하여 신을 강림케 하여 蒼璧52)으로 禮遇한 것이다. 환종은 협종이다. 협종53)이 房心54)의 氣에서 나오면 방심이 大辰(大火星)이 되어 천제의 명당으로 정사를 펴내는 곳이다. 地祗55)에는 函鐘을 宮으로 삼고, 태주가 角이 되며, 姑洗이 徵가 되며, 南呂를 羽로 삼는다. 靈鼓56)와 靈鼗(영도)57) 즉 孫竹之管58)으로 연주하고, 空桑(山)에서 나는 나무로 만든 거문고와 비파를 연주하고, 咸池59)의 춤을 춘다. 여름에 연못 가운데의 方丘60)에 이르러 음악의 곡조가 여덟 번 변하면 地示가 모두 나오는데 지시는 崑崙61)이며 먼저 이 음악으로 연주하여 신을 부

---

46) 夾鐘의 별칭.

47) 3년에 한 번 죽순이 나오는 대나무.

48) 피리, 대나무로 만든 악기의 총칭.

49) 거문고와 비파.

50) 祭享 때 추는 佾舞로서 의식 무용. 圜丘에서 천신을 위한 제사를 지낼 때 이 춤을 춘다. 이 춤을 추는 까닭은 "운문이 天氣이기 때문이고, 운문의 춤을 추어 천신을 제사한다"라고 陳暘의 『樂書』에 전한다.

51) 원형의 언덕으로 천자가 동짓날에 하늘에 제사 지내는 곳.

52) 푸른 옥.

53) 12율의 하나, 음력 2월.

54) 房星, 28수의 하나, 蒼龍七宿의 넷째 성수로서 별 넷으로 구성되어 있으며 거마를 맡는다. 房宿, 房駟라고 함.

55) 땅에 제사함.

56) 六面북, 地祗를 제사할 때 씀.

57) 손잡이가 있는 작은북의 좌우에 작은 구슬을 매달고, 손잡이를 좌우로 흔들어 치는 북.

58) 地神을 위한 관악기. 진양의 『악서』에 "선왕이 관을 만든 것은 그것이 음과 양의 소리를 통달하기 때문이다, 손죽의 관이지지를 땅에서 나오게 하는 데 쓰이는 것은 음이 작아서 여럿이기 때문이다"라고 하였다.

59) 요임금의 음악.

60) 수도의 북쪽에 있는 方形의 언덕, 하지에 지지에게 제사를 지내는 곳.

61) 별 이름, 빛이 검음.

르고 黃鐘으로 예우한다. 函鐘은 林鐘이다. 林鐘은 未의 기운에서 일어나며 未는 坤의 자리이다. 혹자는 "天社는 東井[62]과 輿鬼의 밖에 있다"라고 하는데, 천사는 地神이다. 人鬼를 제사할 때는 黃鐘을 宮으로 삼고, 大呂가 角이 되며, 太簇가 徵가 되고, 應鐘이 羽가 된다. 路鼓[63]와 路鼗 즉 陰竹[64]으로 연주하고, 龍門(산)에서 나는 나무로 만든 거문고와 비파를 연주하고, 九德의 노래와 九韶[65]의 춤을 춘다. 종묘의 가운데에서 음악의 곡조가 아홉 번 변하면 人鬼는 禮를 얻는다. 인귀는 后稷[66]을 주로 하는데 먼저 이 음악으로 연주하여 신을 부르고 圭瓚(규찬)[67]으로써 강신제를 지낸다. 이것을 秋祫(추협)[68]이라고 한다. 황종은 子에서 생기는데, 子는 虛危의 氣이며 허위는 宗廟가 된다.

○ 雷鼓는 八面鼓이며 孤竹은 오직 하나만 외롭게 나 있는 대나무이다. 雲和는 산 이름이고, 靈鼓는 六面鼓이다. 孫竹은 대나무 가지나 뿌리의 끝에 나는 것이다. 空桑은 산 이름이다. 路鼓는 四面鼓이다. 陰竹은 산의 북쪽에 나는 대나무이다. 龍門 또한 산 이름이다. 천신은 (음악이) 여섯 번 변하면 강림하고, 지시는 여덟 번 변하면, 인귀는 아홉 번 변하면 나타난다. 靈異[69]는 큰 것이고 易感[70]은 작은 것으로 이르기 어렵기 때문이다. 이미 위 三禮圖에 보인다.

○ 成均은 학교의 명칭이다. 周의 제도에 天子의 다섯 학교가 있는데 왕궁의 동쪽에 있는 학교를 東序(동서)라 하며, 서쪽에는 瞽宗(고종)이 있으며, 북쪽에는 上庠(상상)[71]이 있으며, 남쪽에

---

62) 성좌의 이름, 井宿 남방에 위치함.
63) 四面 북.
64) 산의 북쪽에서 나는 대나무로 만든 피리.
65) 순임금의 음악.
66) 주나라의 선조.
67) 종묘에서 쓰는 제기로서 鬱鬯酒를 담는다.
68) 가을에 조상의 위패를 遷廟에 함께 모셔 지내는 제사.
69) 영묘하고 이상함.
70) 쉽게 느낌.

는 성균이 있으며, 중앙에는 辟雍(벽옹)이라는 학궁이 있다. 樂德 樂語 樂舞를 가르치는 자는 성균에 나아가는 자로 祭酒(좨주)의 職을 겸한다.

(1) 황제지악(黃帝之樂): 운문(云門), 대권(大卷)

그 盛德과 그 뛰어남은 '백성이 무리 지어 모여들어 재산을 크게 함으로써 만물의 이름을 분별하고 모두 이로 말미암아 이루었다'라고 하는 것과 같다. 云은 옛날 雲 자이며 본래는 㝏이라고 썼다. 卷의 음은 拳이다.

帝의 성은 公孫이며 이름은 軒轅[72]이다. 태어날 때 구름이 상서로워 구름으로 官命[73]을 기록하였다. 蒼頡(창힐)[74]이 문자를 만들고, 大撓(대효, 대요)[75]가 干支[76]를 만들고, 容成[77]이 歷數(曆數)[78]를 시작하고, 隸首[79]가 筭數(算數)를 만들고, 伶倫[80]이 律呂를 만들고, 岐伯[81]이 醫術을 밝히면서 처음으로 衣裳[82]을 만들어 입었으며, 舟車

---

71) 귀인의 자제가 배우는 학교.
72) 헌원의 언덕에서 낳았다고 하여 붙인 이름.
73) 관부의 명령.
74) 황제의 신하, 새의 발자국을 보고 처음으로 문자를 만들었다고 함.
75) 황제의 스승.
76) 十干과 十二支.
77) 황제의 史官, 처음으로 律曆을 지음.
78) 달력.
79) 황제 시대의 善算者.
80) 황제의 신하, 嶰谷의 대나무로 樂律을 만듦.
81) 황제 때의 名醫로서 황제와의 문답형식으로 중국 최고의 의서인 『素問』 24권을 편찬함.
82) 치마와 저고리, 옷.

와 棟宇83)와 杵臼(저구)84)와 弧矢(호시)85)와 網罟(망고)86)와 같은 것이 모두 이로부터 생겨났다. 樂에 "云門과 大卷은 土德의 王이다"라고 하였다. 그러므로 "황제는 涿鹿에 도읍하고 124년간 在位하였다"라고 한다. 卷이란 백성을 모으고 재물을 크게 한 것을 이른다.

(2) 당요지악(唐堯之樂): 대함(大咸), 함지(咸池)

德澤(덕택)87)이 溥博(부박)88)하여 퍼지지 않음이 없다. 천하의 사물은 모두 潤滋(=滋潤, 潤澤)89)을 입는다. 攽(也+攵)는 세속에서 施라고 쓰는데 잘못이다.

高辛(=帝嚳)의 둘째 아들을 陶唐氏90)라고 한다. 姓은 伊祁이고 火德으로 왕이 되어 平陽91)에 도읍하였다. 樂에 "大咸은 咸池인데 池는 攽(也+攵)이다.

재위 100년에 舜에게 선위하였다"라고 하였다.92)

○ 가공언은 "云門과 大卷은 하나이다. 그러므로 음악을 나누어 차례를 정할 때 더욱 순서를 정할 수 없다. 대권은 아마 음악

---

83) 용마루와 처마, 집.
84) 절굿공이와 절구.
85) 활과 화살.
86) 그물.
87) 은덕이 미치는 혜택.
88) 크고 넓음.
89) 풍부하고 넉넉함.
90) 堯임금, 처음에 陶 땅에 살다가 唐이라는 땅으로 이사하였으므로 도당 씨라 일컬음.
91) 요임금의 도읍지.
92) 【역주】堯는 큰아들 丹朱가 不肖하여 舜에게 傳位하였다.

의 이름을 바꾼 것이다. 秦始皇은 大韶를 五行舞라고 바뀌었고, 漢高祖 6년에는 大韶를 文始로 바뀌었다. 그러므로 改樂의 法이 있다"라고 하였다. 내 생각으로는 大咸도 역시 그렇다.

(3) 우순지악(虞舜之樂): 대소(大韶)

堯 임금의 無爲를 이어받아 팔짱을 끼고 아무것도 하지 아니하며 조회하는 것이다. 韶는 『周禮』에 磬라고 하였다. 㣉는 세상에서 垂로 쓰고 또 㣉라고도 쓴다.

舜은 姓이 姚이다. 堯는 두 딸을 舜에게 시집보내어 그 內治를 살피고 마침내 土德으로 왕위를 선위하였다. 蒲阪(포판)93)에 도읍하고 나라 이름을 虞라고 하였다. 樂에 "大昭는 堯의 다스림을 이어받아 作爲함이 없다. 다만 옷을 드리운 채 아무 일도 하지 않으면서 앉아서 조회하였다. 50년 동안 재위하였다,"라고 하였다.

(4) 하우지악(夏禹之樂): 대하(大夏)

水土94)를 잘 다스려 功烈95)이 크게 드러났다. 治(이)는 平聲(평성)이다.

禹는 姓이 姒이다. 堯를 도와 治水에 功能이 있고 堯舜의 德을 크게 하여 舜의 禪位를 입어 金德으로 왕이 되어 安邑에 도읍을 정하고 나라를 夏라고 불렀다. 樂에 "大夏가 在位 9년에 나라에 널리 알

---

93) 순의 도읍지, 山西省 永濟縣에 있음.
94) 하천과 땅.
95) 큰 功業.

려진 것을 功(功績)이라 하고, 백성에게 미친 것을 烈96)이라고 한다. 功烈의 은택이 장차 盛大함이 17대로 물려서 전하여서 갔고 歷年97) 은 437년이었다”라고 하였다.

(5) 성탕지악(成湯之樂): 대호(大濩)

凶虣(흉포)98)함을 誅戮(주륙)99)하여 베고, 黎庶(여서)100)를 護養 (호양)101)하였다.

湯은 姓이 子이고 이름은 履이다. 舜은 契(설)102)을 명하여 司徒 로 삼고 商에 封하였다. 13世가 지나 湯에 이르러 桀을 伐하고 천하 를 가지게 됨으로써 商을 國號로 삼았다. 盤庚103)이 殷이라고 바꾸 었다. 수덕으로 왕이 되고 毫(박)104)에 도읍하였다.

○ 『呂氏春秋』에 “湯이 伊尹에게 명하여 大濩를 짓고 晨露105)를 노래하였다”라는 기록이 있고, 『韓詩外傳』에 “탕이 大濩를 지 었다. 宮의 소리는 사람이 溫良하며 寬大하게 하고, 商의 소리 는 사람이 方廉하며 義를 좋아하게 하며, 角의 소리는 사람이 惻隱하며 仁愛하게 하고, 徵의 소리는 사람이 봉양을 즐기며

---

96) 큰 사업.
97) 지낸 햇수.
98) 흉악하고 사나움.
99) 죄를 물어 죽임.
100) 뭇사람, 서민.
101) 돕고 기름.
102) 商王朝의 시조.
103) 상의 17대 임금, 도읍을 殷으로 옮기고 국운을 부흥시켰다. 재위 28년.
104) 지금의 河南省 歸德府 商邱縣.
105) 새벽을 알리는 이슬.

베풀기를 좋아하게 하고, 羽의 소리는 사람이 恭儉하며 禮를 좋아하게 한다. 濩는 護이다. 탕의 寬仁은 능히 生民을 救護하였다. 재위는 13년이었고, 傳世 30代에 歷年이 629년이었다"라고 기록되어 있다.

(6) 무왕지악(武王之樂): 대무(大武)

한 번 戎衣(융의)[106]을 입으니 武功이 환히 나타났다.

왕의 姓은 姬이고 이름은 發이다. 棄(기)[107]는 높이 농사를 맡은 관직을 받아(=농사를 맡는 벼슬인 后稷이 되어) 邰(태)[108]에 봉함을 받았다. 15世가 지나 武王에 이르러 紂를 베고 천하를 얻었다. 木德으로 왕이 되어 鎬(호)[109]에 도읍하고 국호를 周로 하였다. 樂에 "大武 재위 7년에 한 번 융의를 입고 무공을 이루었다. 文言(文句)[110]에 '한번 융의를 입으니 무공을 이루었다'라고 하였다. 傳世는 36세이고, 歷年은 867년이다"라고 하였다.

○ 鄭氏는 "이것은 주나라에 있는바 六代(黃帝, 唐堯, 虞舜, 夏禹, 成湯, 武王)의 音樂이다. 雲門, 大卷은 황제가 명성을 이루고 만물로써 백성을 밝히고 재물을 함께함으로써 그 덕이 마치 구름이 백성을 내어 族類(同族)를 이룸을 말한 것이다. 大咸, 咸池는 요임금이 순에게 선위하고 형법을 고르게 하고 백성을 짝

---

106) 군복.
107) 탄생 시 기이하게 생겨 여러 번 버려짐. 주나라의 선조, 后稷이라고도 함.
108) 지금의 섬서성 武功縣에 있음.
109) 지금의 섬서성 西安府의 일부.
110) 문장 중의 어구.

지음으로써 그 덕이 미치지 않음이 없음을 말한 것이다. 大韶
는 순임금이 요임금의 道를 잘 이었음을 말한 것이다. 大夏는
우임금의 治水와 敷土(부토)[111]는 그 덕이 중국을 크게 하였음
을 말한 것이다. 大濩는 湯임금이 관대하게 백성을 다스리고
그 사악함을 물리침으로써 그 덕이 천하로 하여금 그 거처를
얻게 하였음을 말한 것이다. 大武는 무왕이 紂의 죄를 밝혀 징
계하고 그 해악을 제거함으로써 그 덕이 武功을 잘 이루었음을
말한 것이다"라고 하였다.

○ 六樂이라는 명칭은 오직 經에만 보이는데, 西漢에 이르러 六樂
이라는 器[112]가 오히려 있었는데 지금은 다시 볼 수 없다. 大
武의 儀備는 『樂記』에 보이고, 또 『시경』·「周頌」의 '武', '桓',
'賚(뢰)', '酌', '時邁' 다섯 편과 같은 것은 모두 頌으로 삼았으
며, 文武의 詩는 마침내 大武의 樂章으로 여긴다. 어찌 그런가?

六代의 춤은 주나라에 갖추어 행해져 음악을 나누고 차례를 정해
人鬼와 天神과 地示를 제사하는 데 시행되었다.

○ 안으로는 마음을 바르게 하는 데 도움이 되고 밖으로는 貴賤을
달리하며, 위로는 천지와 사직과 종묘를 섬기고, 아래로는 많
은 백성을 변화시킨다.

○ 사람이 소리를 즐기면 소리에 따라서 느끼고 생각한다. 宮의
音을 듣는 자는 溫舒하며 廣大해지며, 商의 音을 듣는 자는 方
正하고 義를 좋아하며, 角의 音을 듣는 자는 惻隱하고 사람을

---

111) 토지를 나눔.
112) 용기, 기구.

사랑하며, 徵의 음을 듣는 자는 善을 즐겨 하고 베풀기를 좋아하며, 羽의 음을 듣는 자는 整齊하고 禮를 좋아한다. 이미 위의 史記에 함께 보인다. ○ 원본은 溫舒 方正 惻隱 樂善 整齊 다음에 而 자로 연이어 있는데 이제 온전한 글을 살펴보니 네 글자는 잘못 끼인 衍文이다. 이제 刪定한다.

음악(樂)의 德과 功用은 위대하다. 애석하도다, 樂章[113]이 전해지지 않음이여.

주나라 사람은 六代의 춤을 간직하고 시행하여 大司樂이 음악을 나누고 차서를 정하여 神에게 제사 지내고 祖上神에게 제사를 드리고 神靈에게 제사를 지냈다. 이에 黃鐘을 연주하고 大呂를 부르고 雲門에 맞추어 춤을 춤으로써 天神에게 제사를 드렸다. 太蔟를 연주하고 應鐘을 노래하며 함지에 맞추어 춤을 춤으로써 地示에게 제사를 드렸다. 姑洗을 연주하고 南呂를 부르고 大韶에 맞추어 춤을 춤으로써 四望[114]에 제사를 드렸다. 蕤賓(유빈)을 연주하고 林鐘을 노래하며 大夏에 맞추어 춤을 춤으로써 山川에 제사를 드렸다. 夷則을 연주하고 中呂를 노래하며 대호에 맞추어 춤을 춤으로써 先妣[115]를 제사하였다. 無射를 연주하고 夾鐘을 노래하며 大武에 맞추어 춤을 춤으로써 先祖(祖上)를 제사하였다.

○ 六樂은 一變하여 羽物[116] 및 山澤의 神에 이르고, 再變하여 嬴

---

113) 음악에 쓰이는 가사.
114) 日, 月, 星, 海. 혹은 五嶽, 四鎭, 四瀆.
115) 先祖의 妣.
116) 깃털이 달린 동물.

物(라물)117)과 山林의 神에 이르고, 三變하여 鱗物118)과 丘陵
의 신에 이르고, 四變하여 毛物(짐승)과 墳衍(분연)119)의 신에
이르며, 五變하여 介物(갑각류)과 土神에 이르며, 六變하여 象
物120)과 天神에 미친다.

○ 어떤 사람이 묻기를 "『소학』에 악기의 一段이 실려 있는데 지
금 사람이 얻어 쓸 줄을 모르는 것이 아닌지 모르겠다"라고 하
였다. 주자는 "잠시 알아보니 옛사람들은 어릴 때부터 음악으로
가르쳤는데 이는 사람이 손을 잡고(親愛의 표시) 가르침으로 이
끌어 먼 장래에 涵養이 이미 이루어지면 점점 스스로 자립할 수
있었으나, 지금 사람들은 이미 그렇지 않으니 이는 뜻은 크나
정해진 바의 근본이 없는 것이니 어찌 이루어짐이 있겠는가?"라
고 하였다. 또 묻기를 "이는 음악을 만들어 듣게 하는 것이니
어쩌다가 그 自作을 自作이라고 한다면, 스스로 깨달아 아는 것
은 자작이 될 수 없으니 무슨 이익이겠는가?"라고 하였다.

○ 주자는 "옛날의 敎法은 禮·樂·射·御·書·數로서 하나라도
빠뜨릴 수 없고, 그중에서 특별히 음악의 가르침은 더욱 親切
하여 冑子(주자)121)를 가르침에는 오직 음악으로 함이 대사악
의 직분이었다"라고 하였다. 이는 음악으로써 조석으로 사람
(대사악)으로 하여금 마음과 힘을 다하여 마음을 잡아 묶어서
몸가짐을 가르치고 음악의 절차에 따라 그(冑子)의 急要함을

---

117) 털이 짧은 동물.
118) 비늘이 있는 동물.
119) 물가와 평지.
120) 코끼리과에 속하는 거대한 짐승.
121) 帝王이나 卿·大夫의 長子.

가르친다면, 태만하지 않으면 오래지 않아 모두 그를 고치어 모두 사람으로서 행해야 할 情性(성정)에 맞게 할 수 있다는 것이다.

○ 大司徒는 五禮로써 萬民의 잘못을 방비하며 가르치어 바르게 하고, 六樂으로써 만민의 情을 대비하며 가르치어 조화롭게 한다. 六藝에서 다만 禮樂 두 가지만을 거듭 말하는 것은 아마 예악으로써 백성을 교화시키는 것이 급선무이기 때문이다. 그러므로 「樂記」에는 "(만약) 사람의 心中에 잠시라도 和樂함이 없으면 비열하여 남을 속이는 마음이 들러 온다. 외모에 잠시라도 莊敬[122]한 모습이 없으면 易慢(이만)[123]한 마음이 생긴다. 그러므로 음악은 안(=정신)을 움직이는 것이고, 禮란 밖(=겉모습)을 調理하는 것이다"라고 하였다. 이는 禮樂에 진력함으로써 안과 밖의 절박함을 다스린다는 것이다. 『孝經』에서는 "윗사람을 편안하게 하고 백성을 다스리는 데에는 禮보다 좋은 것이 없다. 移風易俗[124]에는 음악보다 좋은 것이 없다"라고 하였다. 이는 예악은 백성을 교화시키는 要務가 된다는 것이다. 그러므로 특별히 상세하게 말한다.

[부주] 한나라 이후로 역대 제왕들도 또한 제정한 음악이 있었다. 송나라 太祖로부터 徽宗에 이르기까지 여덟 임금은 모두 제정한 음악이 있어 大定, 大文, 大明, 大仁, 大英, 大神, 大成, 大晟이라고 하였다. 지금 이 음악을 遵用해서 先聖을 제사하는 것이 곧 大晟樂[125]이다.

○ 晟은 時와 正의 半切이고 뜻은 明이다.

---

122) 엄숙하고 삼감.

123) 업신여김.

124) 나쁜 풍속을 좋은 방향으로 개선함.

125) 송나라 때의 雅樂, 고려 예종 때에 들어와 궁중에서 祭禮와 宴禮 때에 쓰였다.

三. 오사(五射) 周禮・「地官」・'保氏'의 注에 보임.

射(術)란 남자가 본래부터 가지고 있는 특성으로 천지와 사방은
모두 (남자가) 뜻을 두는 바이다.[1]

『예기』・「射義」에 "그러므로 남자는 태어나면 뽕나무 활을 집안
문의 왼쪽에 걸어놓고 (사람을 시켜 그 남자아이를 업고) 쑥의 줄기
로 만든 화살 6개로 천지사방을 향해 쏘게 하였다. 천지사방이란 남
자가 해야 할 일이 있는 곳이다"라고 하였다.

- 呂大臨(1046-1092)[2]은 "천지의 性은 사람이 貴人이 되는 類別
  이고, 남자가 그 배필을 귀하게 하는 것이니, 천지는 陽이요 乾
  으로 사람을 복종시키며 사람에게 복종하지 않을 수 있다. 그
  러므로 천지사방의 大本은 모두 내가 해야 할 일로서 할 수 없
  다면 남자가 아님에 가깝다. 그러므로 처음 태어나자마자 집안
  에 뽕나무 활을 걸어놓고 다른 사람에게 업혀서 쑥의 줄기로
  만든 화살 6개로 천지사방을 향해 쏘게 하였다. 선비가 일하지
  않으면 먹을 수가 없다. 그러므로 군자는 차라리 공이 녹봉보
  다 가벼울지언정 녹봉이 공보다 가볍기를 원하지 않았으며, 천
  지사방에 해야 할 일을 한 이후에야 감히 福祿을 쓰며, 공이
  녹봉보다 가벼우면 녹봉에 부끄럽지도 않고 공이 녹봉에 부끄

---

1) 【역주】 『禮記』・「射義」 참조.
2) 북송의 성리학자.

럽지도 않다. 이것이 또한 남자가 힘쓸 일이다. 그러므로 射義에 따라 일정한 상태에 이르게 한다.3) 射라는 글자는 身과 寸을 따른 것이다. 마음을 편안하게 하고 몸을 바르게 하여 활을 안정시켜 굳게 잡고 법도에 맞게 화살을 쏘면 곧 적중할 수 있다"라고 하였다. 射侯4)의 한가운데는 활을 쏘는 목표로 곧 正鵠이라 한다.

○ 射는 본래 躲(身+矢)라고 썼는데 身과 矢의 會意이다. 小篆에서 射라고 쓰면서 (矢 대신에) 寸을 따른 것으로 寸은 法度의 準則이다.

더불어 활을 쏘는 사람은 누구인가? 임금과 신하가 천자, 제후, 경, 사대부와 함께한다.

천자가 활을 쏘는 禮에는 세 가지가 있다. 大射는 賢士5)를 선발할 때 거행한다. 賓射는 천자가 신하를 손님으로 대접하여 함께 쏘는 것이다. 燕射는 천자가 제후와 더불어 쏘고 술을 마시는 것이다.

제후는 3년마다 한 번 천자에게 어진 선비를 천거하는데 큰 나라는 3인을, 그다음 나라는 2인을, 작은 나라는 한 사람을 천거한 후에, 천자는 활쏘기를 함으로써 賢良을 선택하여 등용한다. 그러나 대사와 빈사는 왕과 여러 신하가 과녁을 달리하지만, 오직 연사의

---

3) 【역주】 목판본에서는 이하의 부분이 본문과 주로 따로 되어 있다.

4) 사방 열 자인 方形의 과녁.

5) 어진 선비, 천자나 제후가 제사를 드릴 때 도와주는 선비. 『주례』·「天官」·'祭裘'의 鄭玄 注 참조.

과녁은 같다. 과녁을 달리하는 것은 尊卑를 변별하려는 것이고, 과녁을 같게 하는 것은 그 기쁨을 하나로 하려는 것이다.

大侯(대후)[6]에 활시위를 당겨 화살을 먹이면 자기의 뜻을 보이는 것이니 그 덕행을 드러낸다.

대후는 임금의 과녁이다. 抗은 당긴다는 뜻이다. 繹은 자세히 헤아린다는 뜻이다.

○ 侯는 厂을 따른 상형이고, 矢와 人이 그 뒤에 덧붙인 것이니 그 과녁에 맞았는가 아닌가를 살피는 것이다.

과녁은 사방 열 尺인데 布(베)로 만들고 가죽으로 그 주위를 장식한다. 과녁의 목표는 侯[7]의 가운데에 있고, 正[8]과 鵠(곡)[9]을 그려 넣는다. 정과 곡은 두 마리 새와 같아 작지만 유순하지 않고 교활하여 활로 쏘아 맞히기가 어렵다. 맞추는 자는 뛰어난 사람이다. 正은 간혹 ㅏ으로 쓰는데 음은 정이다. 鵠은 姑와 沃의 반절이다.

正은 간혹 鴊(正+鳥)으로 쓴다. 이마가 곧은 고니(鵠)와 까치는 모두 작지만 유순하지 않고 교활하여 활로 쏘아 맞히기가 어렵다. 베(布)에 그린 한가운데를 正이라 하고, 가죽에 깃들인 한가운데를 鵠이라 한다.[10] 주자는 "大射에는 가죽 과녁을 펴서 鵠(곡)[11]을 설

---

6) 제후가 화살을 쏘는 큰 과녁.
7) 과녁.
8) 布의 한가운데 점.
9) 革의 한가운데 점.
10) 【역주】『예기』·「중용」의 정현 주.

치하고, 賓射에는 베 과녁을 펴서 正[12)을 설치한다"라고 하였다.
『禮記』·「射義」편에 "正이라는 말은 바름이고, 鵠이란 말은 梏[13)이
란 뜻이고 直이란 뜻이다"라고 하였다. 사람이 정직하면 곧 맞힐 수
있다는 의미이다.

[부주] 『三禮圖』[14)를 按驗하면 侯(과녁)에는 90궁, 70궁, 50궁이 있다. 弓은 (射臺에
서 과녁까지의 거리로서) 20보를 센다. 90궁은 布의 (넓이가) 9폭이고 길이가
8척이며, 70궁은 포가 7폭 4척이며, 50궁은 포가 5폭이고 과녁 가운데에 1척
의 호랑이가 있다. 90궁은 곰과 糝 (삼)[15)의 과녁이며, 70궁은 표범과 순록의
과녁이며, 50궁은 무사와 들개의 가죽으로 장식한 과녁이다. 50궁은 畿內 제후들
의 곰 가죽으로 장식한 과녁이고, 70궁은 畿外 제후들의 熊侯이며 또한 90궁은
제사 지낼 때 大射를 거행할 때 쓰는 가죽 과녁이다. 또 天子에게는 다섯 正侯에
90궁이 있고, 제후에게는 세 정후에 70궁이 있고, 경·대부에게는 두 정후에 50
궁이 있는데, 아울러 옆에 雲氣[16)를 그리면 이것이 賓射를 행할 때 쓰는 과녁이
다. 또 짐승을 그린 과녁이 있는데, 천자는 흰 바탕에 곰의 머리를 그리고, 제후
는 붉은 바탕에 순록의 머리를 그린다. 또 베 과녁에는 경·대부에게는 호랑이
와 표범의 머리를 그리고, 무사에게는 사슴과 돼지의 머리를 그리는 것인데, 채색
(무늬)하지 아니하므로 布侯[17)라고 하며, 獸侯와 함께 옆에 운기를 그리고 아울
러 50궁이면 이것이 燕射의 과녁으로 위와 아래가 같으며 잘 주의하여 보면 드러
난다. 雲氣를 그릴 때는 丹砂를 사용하여 땅으로 삼는데, 단사는 적색보다 옅다.

천자의 세 가지 과녁은 호랑이, 곰, 표범을 그린 과녁이다. 제후는
곰과 표범의 두 과녁만을 쓰고, 경·대부는 순록의 과녁을 사용하며,
무사는 들개의 가죽으로 장식한 과녁을 쓴다. 豻은 음이 犴이다.

---

11) 혁 한가운데 점.
12) 과녁의 한가운데.
13) 꿰뚫음.
14) 송나라 聶崇義가 편찬한 삼례의 圖解書. 『주례』·『의례』·『예기』는 본문만 읽어
    서는 이해하기가 어려운 부분이 많아 그림으로 그린 책, 20권.
15) 쌀알, 혹은 쌀가루를 넣어 끓인 죽.
16) 구름이 움직이는 모양.
17) 베 과녁.

천자에게는 대사·빈사·연사가 있고, 제후와 경·대부·무사에게는 禮에 等差가 있어 그 과녁의 제도에 호후, 웅후, 표후의 세 가지가 있고 각각 그 가죽으로 그 옆에 두른다. 이것이 대사의 과녁이다. 왕은 다섯 가지의 채색을 하고, 제후는 세 가지 채색을 하고, 경·대부는 두 가지 채색을 한다. 다섯 가지 채색의 한가운데가 아래에 있고, 다음에 흰색, 그다음에 푸른색, 그다음에 황색, 검은색이 밖에 있다. 세 가지 채색은 (오채에서) 검은색과 황색을 덜고, 두 가지 채색은 푸른색과 흰색을 빼고 붉은색으로 두르는데 이것이 빈사의 과녁이다. 천자는 흰 바탕에 곰의 표적이고, 제후는 적색 바탕에 순록 표적이고, 대부는 베 과녁에 호랑이와 표범을 그리고, 무사는 베 과녁에 사슴과 멧돼지를 그리고, 곰 과녁의 밖은 붉은 바탕에 운기를 그리는데 이것이 燕射의 과녁이다.

[부주] 다섯 가지 채색, 세 가지 채색, 두 가지 채색은 곧 다섯 正侯, 세 정후, 두 정후이다.

활쏘기는 어떻게 하는가? 아마도 현량을 뽑아서 했을 것이다. 三代의 射禮는 오직 주나라에만 갖추어져 있다.

왕은 장차 郊廟[18]를 행할 때 현량을 택하여 제사를 드리는데 현명한지를 알지 못하면 사례를 통해 결단한다.

『禮記』·「射義」편에 "천자가 장차 제사를 드리려 할 때는 반드시 먼저 제후가 澤[19]에서 활쏘기를 연습하게 하였다. 澤宮은 제사를 도울 제후를 가려 뽑는 곳이다. 이미 澤에서 習射한 후에 射宮에서

---

18) 郊祀와 廟堂.
19) 射亭, 택궁.

활을 쏘아 과녁을 맞힌 자는 제사에 참여하고 맞추지 못한 자는 참
여하지 못한다"라고 하였다.

○ 澤은 宮名이다.

[**부주**] 『周禮』·「天官」·'司裘'에 "王의 大射에는 호랑이 과녁, 곰 과녁, 표범 과녁을 갖
추어 그 과녁의 중심에 설치한다"라고 하였는데 이것을 일러 皮侯(동물 가죽의 과
녁) 곧 大侯[20]라고 한다. 호랑이, 곰, 표범의 가죽으로 그 옆을 장식하는데 이것
은 천자가 천지와 종묘에 제사 지낼 때 활쏘기로 제후 경·대부 무사를 뽑아 쏘
게 하는 것이다. 또 경·대부에게는 순록 과녁을 제공한다. 『삼례도』에서는 "이는
正朝(=元旦)에 경·대부로 畿內에 采地가 있는 자가 선조에게 제사를 드릴 때도
또한 대사의 예를 행하는데, 순록 과녁을 펼쳐놓고 군신이 함께 쏘는데 또한 순록
가죽으로 그 옆을 장식한다. 또 가죽으로 바르게 그 鵠과 그 侯를 만드는 방법도
또한 50궁의 丈尺(=길이)으로 왕의 豹侯와 같다"라고 하였다.

제후와 대부가 제사를 드릴 때도 그러한데 射宮에서 활을 쏘기 때
문에 대사라는 이름은 같다.

제후와 대부도 또한 대사라고 한다.

[**부주**] 『삼례도』에 "畿內의 諸侯가 선조에게 제사를 지낼 때 대사의 예를 행하는데, 가깝
고 높은 사람이라도 천자의 三侯와 같을 수는 없고 다만 곰 표적과 표범 표적으로
쏠 뿐이다. 아울러 50궁의 畿外 제후가 선조에게 제사를 지낼 때 또한 대사에 三
侯로 행하는데 천자와 같다. 멀고 높은 사람이기 때문에 三侯를 쏠 수 있다. 비록
같기는 하지만 가죽을 사용하는 것이 다를 뿐인데 이를 熊, 쌀알, 들개를 장식한
과녁이라고 한다. 곰 가죽 또한 大侯라고 하는데, 侯道[21]에 90궁[22]에서 그
경·대부는 제사 지내는 것을 도와 糅의 과녁을 쏘는데 糅은 섞는 것(雜)이다. 과
녁을 섞는 것은 표범을 鵠으로 삼고, 순록으로 장식을 하여 천자와 경·대부를 낮
추기 때문이다. 그 제후의 70궁에서 과녁은 넓고 곡은 사방 丈尺[23]으로 천자와
더불어 곰 과녁은 같다. 무사는 제사 지내는 것을 도와 들개 과녁을 쏘는데 들개
가죽으로 과녁을 장식하고 또한 그 鵠을 方形으로 만든다. 그 과녁을 설치하는 방
법에 50궁은 사방이 넓어 천자의 표범 과녁과 같다"라고 하였다. 위의 글을 살펴

---

20) 제후가 활을 쏘는 큰 과녁.

21) 과녁을 설치하는 방법.

22) 천자, 제후의 사거리.

23) 10척.

보면 제후의 과녁 두 개는 畿內의 제후이다. 이제 聶崇義가 정한 禮圖에 의하면 50후가 있는데 상세하게 해설해 놓았다. 대략은 앞의 注에 보인다"

또 다른 법도가 있으니, 천자가 활을 쏠 때는 제후가 따르고 (천자가) 제후와 함께 활을 쏠 때는 경·대부가 따른다. 경·대부로부터 무사가 활을 쏘아 그 표적을 맞히면 후작의 이름을 얻는데 侯란 이것을 뜻으로 취한 것이다.

王朝의 禮에서 朝聘[24]의 禮는 군신 간의 의리를 바르게 하려는 것이다. 제후가 德義[25]에 따르면 천하가 태평하다. 옛날에는 천자가 제후들이 법도를 닦지 아니하고 덕의에 따르지 아니하였기 때문에 射禮로써 그 덕행을 가렸다. 『儀禮』의 注에 "尊者[26]는 활을 쏨으로써 不甯者[27]를 밝게 하고, 신분이 낮은 자는 활을 쏘게 함으로써 찾아서 제후로 삼는다"라고 하였다.[28] 射禮의 심원함은 오직 왕만이 갖춘다. 三侯를 갖춤을 말한 것이다.

왕이 이미 쏘기를 마치면 虎侯를 거두고, 오직 제후 이하는 각각 그 과녁을 펴서 순서대로 쏘는데 모두 음악을 연주한다.
활쏘기에는 반드시 음악을 연주하고 음악에는 반드시 시를 바치는데 그 활 쏘는 모습에 가깝게 하고 음악의 곡조에 따라 오르고 내

---

24) 제후가 來朝하여 천자에게 謁見함.
25) 德行과 義理, 사람이 행해야 할 바른 도리.
26) 지위가 높은 사람.
27) 소원이 없는 자.
28) 【역주】 목판본에서는 이하를 본문으로 하였다.

리며 빨리하고 천천히 하는 것이 모두 절도에 합하고자 하였다.

천자가 활을 쏠 때는 騶虞(추우)29)의 음악을 연주하고, 제후가 활을 쏠 때는 狸首(逸詩)의 음악을 연주한다.

경·대부는 采蘋(채빈)30)으로 연주하고 무사는 采蕃(채번)31)으로 연주한다.

활을 쏘아서 적중하지 못하면 잘못을 자신에게서 찾고 堂에서 내려와 罰酒를 마시며 부끄러움을 이기지 못한다. 벌주를 마신 자는 스스로 과녁에서 내려온다.

그 활을 쏘는 곳은 왕의 대사는 郊32)에 있고, 빈사는 조정에 있고, 연사는 寢33)에 있다. 제후의 대사는 그 나라의 성 밖에서 하고, 빈사는 수도에서 하고, 연사는 竟(境, 地境)에서 한다. 경·대부는 庠序에서, 무사는 序34)에서 한다.

○ 활쏘기에서 射布35)을 펼 때 왼쪽 아래 과녁 줄은 매지 않으며, 가운데는 안 보이게 묶었다가 막 쏘려고 할 때 司馬에게 명하여 射布(과녁)를 펴게 하고, 子弟에게는 안 보이게 묶은 것을 벗기고 下綱36)을 매달아 건다.

○ 그 활을 쏘는 도리는 진퇴와 기거동작은 반드시 예에 맞아야

---

29) 『시경』·「국풍」·소남의 편명. 주 성왕이 지은 음악, 『墨子』·三辯 편.

30) 『시경』·「국풍」·소남의 편명.

31) 『시경』·「국풍」·소남의 편명.

32) 성 밖, 국도에서 50-100리 이내.

33) 거실.

34) 담, 『爾雅』에 東西牆謂之序라 함.

35) 베로 만든 과녁

36) 아래 과녁 줄.

하며, 안으로 뜻을 바르게 하고 밖으로는 몸을 곧게 한 후에야 활과 화살을 잡고 살피어 안정되게 한다. 활과 화살을 잡고 살피어 안정되게 한 후에야 적중을 말할 수 있다. 이에 덕행을 살필 수 있다. 射라는 말은 繹37)이란 뜻이며 각각 자기의 뜻을 찾는 것이다. 활쏘기는 인의 도리이다. 활쏘기는 자기에게서 바름을 구하는 것이며 자기가 바른 후에 쏘고, 쏘아서 맞지 않아도 원망하지 않는다. 자기를 이기는 자는 자기에게서 허물을 찾을 뿐이다.

O 과녁에 제사하는 예는 술과 포와 醢(해)38)로 하며 "만약 차라리 과녁이 없거나 네가 차라리 과녁이 아니라면 왕이 있는 자리에서 술을 붓지 않았을 것이다. 그러므로 겨루어 너를 쏘면서 억지로 마시고 먹으며 너의 거듭되는 자손들이 제후들의 온갖 복을 물려줄 것이다"라고 축문을 읽는다.

[부주] 射禮는 오직 천자에게만 갖추어져 있는데 大射가 가장 중요하다. 천자가 쏘기를 마치면 虎侯를 거두고, 그다음에 제후가 쏘고, 또 그다음에 경·대부가 쏘는데 각각 (신분에 맞는) 과녁을 설치하고 음악을 연주한다. 활쏘기할 때는 사람을 시켜 과녁을 세운 곳 뒤에 가서 화살로 高下와 左右를 표시하여 왕에게 아룀으로써 반드시 적중케 한다. 服不氏39)는 기를 들고 살가림 뒤에서 기다리다 쏘아서 的中하면 기를 흔든다.

O 「춘관」에 "대사를 행할 때 왕의 출입에 음악을 연주하고 왕이 여름에 활을 쏠 때는 騶虞40)를 연주한다"라고 하였으며, 또 "활쏘기에서 왕은 추우로써 음악의 곡조로 삼으며, 제후는 貍

---

37) 근본을 찾아 캐냄.
38) 육장.
39) 관직명, 『주례』·「하관」·服不氏.
40) 『시경』·「국풍」·召南의 편명.

首로 음악의 곡조로 삼고, 경·대부는 채빈[41]으로 음악의 곡조로 삼고, 무사는 채번(소남의 편명)으로 음악의 곡조로 삼는다" 라고 하였다.

○ 『射義』에 "옛날에 제후가 활을 쏠 때는 반드시 먼저 燕禮를 행하고, 경·대부와 무사가 활을 쏠 때는 반드시 먼저 鄕飮酒의 禮를 행하였다. 그러므로 연례는 군신 간의 의리를 밝히는 것이고, 향음주례는 장유의 순서를 밝히는 것이다"라고 하였다.

○ 乏(핍)[42]은 화살을 간직하는 것이다. 모양은 작은 병풍 같고, 바람결에 적중의 여부를 알리는 자는, 화살이 이 살 가림에 이르러 화살이 떨어지면 간다. 『爾雅』에 "容[43]을 防(방)[44]이라고 하는데 이것이다"라고 하였고, 『삼례도』에 "그 (살 가림을 만드는) 방법은 넓이가 사방 일곱 尺으로 소가죽을 팽팽하게 매고 옻칠을 한다"라고 하였다.

(1) 백시(白矢)

화살이 그 과녁을 관통하여 화살촉이 희게 드러난 것을 白矢라고 한다. 鏑는 또 鏑으로 쓴다. 음은 的이다.

鋒鏑(봉적)은 화살촉이다. 또 鏃(족)[45]이라고도 한다.

---

41) 소남의 편명.
42) 살 가림. 적중의 여부를 알리는 사람이 화살을 막는 기구.
43) 받아들임, 담아 넣음.
44) 가로막음.
45) 화살촉.

(2) 삼련(叄連)

앞으로 한 발을 쏘고 뒤로 세 발을 계속해서 쏘는 것을 叄連(삼련)
이라고 한다. 활쏘기는 반드시 네 발을 쏜다. 詩에 "네 발을 쏘고 돌
아온다"라고 하였다.

(3) 염주(剡注)

(화살이 과녁에 적중했을 때) 살깃은 높고 살촉은 낮게 되도록 몸
을 일으켜서 쏘는 것을 剡注(염주)라고 한다. 剡은 子와 木의 반절이다.

(4) 양척(襄尺)

임금이 신하와 더불어 쏠 때 신하가 (임금과 나란히 서지 않고)
한 尺 물러서는 것을 襄尺이라고 한다.

(5) 정의(井儀)

네 발이 과녁에 관통하여 그 모양이 우물(井)과 같은 것을 井儀라
고 한다.[46]

本注(鄭玄의 注)에 백시는 화살이 과녁을 관통하여 그 화살촉이
희게 드러나는 것이다. 叄連은 앞으로 한 발을 쏘고 뒤로 세 발을 연
달아 쏘고 가는 것이다. 염(섬)주는 살깃의 머리는 위로 하고 화살촉
은 아래로 하며 몸을 일으키며 가는 것을 말한다. 양척은 신하와 임

---

46) 이상 『周禮』·「地官」·保氏의 鄭玄 注 引鄭司農云.

금이 더불어 쏠 때 임금과 나란히 서지 않고 임금에게 한 척을 양보하여 물러서는 것을 말한다. 정의는 화살이 과녁을 관통하여 井의 모양과 같은 것을 말한다.

○ 孔氏는 "활쏘기의 기원은 황제로부터 시작되었는데, 『周易』·繫辭(下)에 '나무에 시위를 메워 활을 만들고 나무를 깎아 화살을 만들어 활과 화살의 힘으로 천하를 위압한다'라고 하였으며 또 『서경』·「虞書」·益稷에 '과녁으로써 밝힌다'라고 하였으니, 射義는 요임금 순임금에서 보이지만 하나라와 은나라에는 기록이 없고 주나라에는 갖추어 있다"라고 하였다.

활쏘기(射法, 射術, 射藝)는 대개 하나의 技藝인데 그것을 시행하는 수가 많음으로 수시로 사람을 천거하거나 추천하여 쓴다.

천자는 늦은 가을에 田獵을 가르쳐 孟冬에 이르러 장수에게 명하여 무예와 사술을 연습하게 한다. 仲春과 仲秋에 활과 화살을 獻上하여 활 쏘는 사람에게 배우도록 명하며 활쏘기를 시험함으로써 武事[47]를 익히게 한다.

「夏官」·司馬는 弓矢[48]의 직책을 맡아 중춘과 중추에 활, 쇠뇌, 화살, 전통[49]을 받들고 활을 하사함으로써 활쏘기를 배우는 자가 시험 삼아 활을 잡게 하고 武事를 익히게 한다.

---

47) 전쟁이나 무예에 관한 일.
48) 무기, 전쟁.
49) 화살을 넣는 통.

봄에 王은 元日[50]에 射禮와 鄕飮酒禮를 행하여 성적이 좋은 사람과 연치가 높은 사람을 중시한다.

『예기』·「王制」에 "耆老[51]는 모두 庠[52]에서 朝會하고 元日에 射禮를 행하여 좋은 결과를 중시하고 향음주례를 행하여 노인을 높인다. (그때) 대사도는 나라의 俊士를 이끌고 더불어 일을 한다. (만약 그들이) 변하지 않으면 나라의 右鄕[53]에게 명하여 가르치는 사람에게 복종하지 않는 자를 簡選[54]하여 左鄕으로 옮기고, 또 나라의 左鄕[55]에게 명하여 가르치는 사람에게 불복종하는 자를 골라 뽑아서 右鄕으로 옮기게 한다. 이렇게 (교환하여) 같은 예로 실행했는데도 여전히 변하지 않으면 鄕 밖의 郊로 옮긴다. 이렇게 실행했는데도 변하지 않으면 遂로 옮긴다. 또 이렇게 했는데도 변하지 않으면 遠方[56]으로 물리치고 종신토록 齒錄[57]하지 않는다"라고 하였다.

州의 장관은 봄과 가을에 예로써 백성을 모아 州序[58]에서 射禮를 행한다.

序는 三代의 鄕學 이름이다. 백성을 모아 활을 쏘는 것은 그 뜻을

---

50) 정월 초하루.
51) 육십 세 이상의 노인.
52) 주대의 鄕學.
53) 남방을 향하여 오른쪽, 즉 서쪽의 鄕老 경·대부.
54) 골라 뽑음.
55) 남방을 향하여 왼쪽, 즉 동쪽의 향노 경·대부.
56) 遠郊의 밖.
57) 收錄함.
58) 鄕里의 학교.

바르게 하려는 것이다.

　武王은 전쟁을 멈추고 군대를 해산하며 교외에서 사례를 행하였다. 다만 과녁에 들어맞음만 존중할 뿐 활을 쏘아 갑옷을 뚫음은 높이 여기지 않았다.

　백성들은 사례가 없이 사냥하여 잡은 짐승을 나누며, 가죽을 펼쳐 쏘고 따로 과녁을 설치하지는 않는다.

　완고하고 미련한 사람은 그 마음이 바르지 않아 과녁으로 밝게 함으로써 善惡이 이에 결정된다.

　先王이 사례를 만든 것은 아마도 깊은 뜻이 있을 것이니 사람을 관찰하는 방법이 이에 따라서 지극한 데까지 이르렀지만, 어찌 후세를 기약했겠는가? 이에 射禮가 마침내 폐하여졌다.

　　[**부주**] 士庶人의 鄕射의 禮[59]는 『周禮』・「地官」・鄕大夫에 "(3년에 한 번) 大比[60]를 행하여 그 덕행과 도덕과 學藝를 상고하여 (중략) 덕이 있는 사람과 재능이 있는 사람의 기록을 왕에게 아뢰고, 돌아와 鄕射禮의 다섯 가지로써 모든 백성에게 물어서 의논한다. 첫째는 和, 둘째는 容, 셋째는 主皮, 넷째는 和容, 다섯째는 興舞인데 이것을 '백성이 어진 이를 일으켜 벼슬을 하게 하여 가르치게 하고, 백성이 능력 있는 사람을 일으켜 조정에서 벼슬하게 하여 다스리게 한다'라고 일컫는다"라고 하였다. 和는 쏘아서 절도에 맞음을 말하고, 容은 움직임이 모두 禮에 맞는 것을 말하며, 主皮는 정곡을 잃지 않음이고, 和容은 容體[61]가 和에 견줌을 말하며, 興舞는 음악에 알맞게 따름이다. 또 "봄과 가을에 예로써 백성을 모아 향리의 학교[序]에서 射禮를 행한다"라고 하였다. 學宮에 射圃[62]가 있었는데 지금은 廢止되었다.

---

59) 향대부가 시골의 어진 사람을 선발하기 위하여 행하는 활쏘기 의식.
60) 인구를 등기하고 재물과 牲畜을 檢點함.
61) 容態, 용모와 자태.
62) 활 쏘는 장소.

四. 오어(五御)

수레를 타고 고삐를 잡으며 말을 타고 달릴 때 빠름과 느림을 御라고 한다. 御라는 글자는 彳(척)과 卸(사)를 합성한 것이다. 彳이란 行[1]이란 뜻이고, 卸란 解[2]라는 뜻이다. 길을 가다가 수레에서 말을 풀어 놓는다. 말을 부리는 사람의 일은 수레 한 대에 말 네 필을 매고 말 네 필에 고삐는 여덟인데, 말 한 필당 두 고삐는 쇠고리에 연결하고 여섯 고삐를 손에 쥐고, 調習[3]하여 말이 馳走[4]하는 것을 놓치지 않는다. 彳(chi)은 표과 亦의 반절이고, 卸(xie)는 史와 夜의 반절이며, 艦의 음은 決이다.

車는 輪(륜)[5]과 輿(여)[6]를 總稱한다. 황제가 만든 것으로 무거운 것을 끌고 멀리 가며 평지를 다닌다. 車(chē)는 尺과 遮의 반절이다. 수레 안에는 사람이 앉을 수도 있는데 그 위에 가죽을 뒤집어서 한 근씩 되게 만들어서 밝게 하여, 한나라 이래로 비로소 居[7]라는 말이 있게 되었다. 내가 생각건대 『주역』의 睽卦[8]와 『시경』·邶風·北風('攜手同車')에서 이미 押韻으로 살펴지었다. 轡(비)는 말의 재갈

---

1) 길을 가다.
2) 수레에 맨 말을 풀다.
3) 훈련하여 길을 들임.
4) 제멋대로 질주함.
5) 바퀴를 장치한 차량.
6) 두 사람이 메는 탈것.
7) 앉는다.
8) 六三爻의 '見輿曳'.

에 매어 끄는 줄이다. 한쪽 발을 드는 것을 彳(척)이라 하고, 수레를 멈추고 말을 풀어 놓는 것을 卸(사)라고 한다. 네 필을 말에 (각각 좌우에 두 개의 고삐를 채워) 여덟 고삐를 채워 네 말이 끄는 수레에서 두 고삐는 여벌로 두고 쇠고리에서 푼다. 그러므로 오직 여섯 고삐만 손에 잡는다. 쇠고리에 있는 연결 귀는 수레의 앞턱 가로 나무 앞에 두고 馰馬의 양 고삐에 연결한다.

○ 孔氏는 "禮로써 백성을 가지런히 하는 것은 마술에서 고삐에 비유할 수 있다. 형벌로써 백성을 가지런히 하는 것은 마술에서 채찍과 같다. 여기에서 고삐를 잡고 저기에서 움직이면 마술이 양호한 것이고, 고삐를 잡지 않고 채찍질을 하면 말은 길을 잃는다. 옛날에 말을 잘 부리는 자는 고삐 잡기를 길쌈하듯 하고('執轡如組'『시경』, 兩驂[9]) 춤추듯이 부렸다. 채찍질은 도움이 되지 않는다"라고 하였다. 『孔叢子』[10]에 보인다.

[부주] 御란 六藝의 하나이다. 少者는 신분이 낮은 자의 직분(직위)이다. 『주례』·「하관」· 大馭에 "大馭는 玉路[11]를 맡아 예로써 軷[12]을 지낸다"라고 했는데 이는 가장 존귀한 사람의 말을 어거하는 것이다. 「春官」·樂師에 "馭路[13]는 肆夏(사하)[14]로써 나아가고 采薺(채제)[15]로써 趨進한다"라고 하였다. 무릇 馭路의 의식은 鸞和를 법도로 삼는다. 천자의 五路는 玉路, 金路, 象路, 革路, 木路가 있다 하고,[16] 또 「夏官」·馭夫에 "馭夫는 貳車,[17] 從車,[18] 使車[19]를 맡아 公馬를 나누며 말을

---

9) 馰馬의 바깥쪽 좌우의 두 말.

10) 漢나라 孔鮒가 撰한 책이라고 전하나 後人의 僞作인 듯. 7권 22편, 공자와 그 一族에 관하여 기술한 책.

11) 천자의 수레.

12) 길 제사 발: 길을 떠날 때 도중에 무사하기를 빌며 지내는 제사.

13) 五路, 왕이 타는 다섯 종류의 수레.

14) 樂名 중 하나.

15) 樂名 중 하나.

16) 【역주】「춘관」·巾車 참조.

길들여 마음대로 부린다'라고 하였다.

○ 路는 輅(로)20)와 같고 薺(薺)는 茨(자)와 통한다.

(1) 명화란(鳴和鸞)

和21)와 鸞22)의 두 방울은 수레를 알맞게 조절하여 나아가게 한다. 和는 軾에 다는 방울이고, 鸞은 衡(형)23)에 다는 방울이다. 말이 수레를 끌고 달릴 때 鸞和 두 방울 소리가 호응하여 울리어 節奏24)에 합하는 것을 鳴和鸞이라고 한다.

『左傳』桓公 2년에 "錫鸞和鈴"이라는 기사가 있는데, '錫(양)은 말의 이마에 대는 금속제의 장식물(當盧)이고, 鸞은 鑣(표)25)에 다는 방울이며, 和는 衡에 다는 방울이다'라고 注釋하였다. 방울이 旂(기)26)에 달린 것이 田車27)이다. 만약 마차를 탈 때 和를 軾28)에 달고 수레가 나아가면 모두 소리가 나서 박자가 주기적으로 반복되는 것을 音調29)라고 하는데, 소리의 높고 낮음과 늦음과 빠름이 생겼다, 그

---

17) 바꿔 타기 위하여 여별로 따르는 수레, 象路의 副車.
18) 戎路 田路의 副車.
19) 驅逆하는 수레.
20) 천자가 타는 수레.
21) 수레 앞에 가로 댄 나무, 곧 軾에 다는 방울.
22) 천자가 타는 마차의 말고삐에 다는 방울.
23) 마차의 채끝에 댄 가로 나무, 또는 멍에
24) 소리의 曲折과 변화.
25) 말의 입에 물리는 물건.
26) 교룡을 그리고 방울을 단 붉은 기.
27) 사냥에 쓰이는 수레.
28) 수레에 댄 橫木
29) 음률의 곡조, 가락.

쳤다, 한다. 車馬의 나아감이 빠르지도 늦지도 않으면 鸞和의 소리
가 스스로 절도에 맞아 疫鬼를 몰아내는 일(追儺)이 된다.

○ 鍚은 음이 羊이며 말머리의 장식물인데, 본래는 鍚이라고 썼다.
鑣(표)30)는 말을 제어하는 것이다.

○ 京山 程氏는 "和와 鸞은 모두 방울이다. 和는 쇠로 만든 방울
안에 나무가 있고, 鸞은 쇠로 만든 방울 안에 쇠가 있어서 수
레를 알맞게 조절하여 나아가게 한다. 鸞은 마차의 채끝에 댄
가로 막대(橫木)에 달고, 和는 수레 앞쪽의 가로 막대에 단다.
衡은 마차 앞의 가로 막대이고, 말을 제어하는 것은 곧 軏(
월)31)이다. 軾은 수레 위의 가로 막대인데 손으로 의지하여 엎
드림으로써 경의를 표한다. 수레에 오르면 말이 움직이고 말이
움직이면 鸞이 울리며 鸞이 울리면 和應하여 자연스럽게 節
奏32)가 있게 되어 모두 중절하게 된다. 만약 수레의 나아감이
빠르면 상응하지 않으며 나아감이 늦으면 (방울의) 울림이 없
다. 만약 뒤섞이면(빨리 가기도 하고 늦게 나아가기도 하면) 모
든 울림이 이 節奏에 합하지 않는다"라고 하였다.

○ 陸農師(1042-1102)33)는 "말이 암컷이면 和를 달고 수컷이면
鸞을 다는데, 붉은색이고 五采34)의 닭의 모양이며, 방울이 울
리는 가운데 五音이 이루어지면 頌聲35)이 일어난다.『山海經』

---

30) 재갈.
31) 수레의 끌채 끝에 멍에를 고정하는 비녀장.
32) 소리의 곡절과 변화.
33) 陸佃, 號는 陶山, 宋 學者.『埤雅』,『爾雅新義』등을 저술함.
34) 다섯 가지의 채색.
35) 공덕을 칭송하는 소리, 태평을 노래하는 음악.

에는 '上古에는 鑾輿(난여)36)가 순조롭게 움직이면 이에 수레 위에 새가 모여들고, 수컷이 앞에서 울면 암컷이 뒤에서 울었다'라고 하였는데 후세에는 이룰 수 없어 鸞和를 만들어서 유사하게 하였다"라고 하였다. 『埤雅』37)에 보인다.

(2) 축수곡(逐水曲)

물이 흐르는 기세의 屈曲38)과 같이 마차의 나아감이 이에 따르는 것을 逐水曲39)이라고 한다.

물길의 굴곡이 있는 길을 따라 마차를 몰 때 물에 빠지지 않는 것을 말한다. 그러나 이것은 명문이 없지만, 詳考할 수 있다.

(3) 과군표(過君表)

天王(天子, 帝王)이 大閱40)할 때 戰法을 敎習하여 거친 베로 엮은 두 깃발을 마주 보게 꽂아 세우는 것을 君表41)라고 한다. 表(表式)를 수레보다 넓게 하여 겨우 두 움큼의 여유를 두고 군표의 중간에는 문지방을 설치하여 각각 두 기를 꽂아 세우면 그 문이 和가 된다. 관리가 수레를 이끌고 따라 和門(軍門)으로부터 나오면 곧 군표를 대

---

36) 천자가 타는 마차.

37) 陸佃의 저술.

38) 이리저리 굽음.

39) 굽이굽이 흐르는 개울을 따라 수레를 몰 때 물에 빠지지 않도록 함.

40) 임금이 몸소 참석하는 閱武: 『주례』·夏官·大司馬. "中冬 敎大閱", 鄭玄 注 賈公彦疏 참조.

41) 기를 꽂는 군영의 문.

하는데 빨리 달려 들어올 때 온전하게 御者가 절도에 맞아 치우치지 않고 방해가 되지 않게 하는 것을 過君表라고 한다. 植(치)은 直(치)와 吏의 반절이다. 表는 毛와 衣의 會意이다.

大閱이란 봄에 징과 북으로 가르치고, 여름에는 號名(軍號)을 가르치고, 가을에는 旗物로 가르치고, 겨울에 이르러 농한기에 봄, 여름, 가을을 합하여 가르치는데 戰陣을 치는 법을 두루 익히는 것이다. 旃(전)42)과 旌(정)43)은 기의 이름이고, 褐纏旃(갈전전)44)은 갖옷으로 엮은 것으로써 깃대의 표식이며 서로 좌우로 잇대면 門과 유사하다. 闑(얼)45)은 갖옷으로 엮은 과녁(혹은 모탕, 나무토막)으로써 君表의 가운데에 세워서 門闑(문얼)46)로 삼는다. 質(질)47)은 나무로 만든 과녁(木樴)으로 그 만드는 것은 未詳이다. 깃을 가른 것이 旌(정)48)인데 대장기의 머리에 있는 旄(모)라고 주석한다. 그 門49)을 이름하여 和라고 하는 것은 여러 사람의 마음을 모두 화목하게 하려는 것이다. 傳에 "師克在和(군대가 이기는 것은 和에 있다.)"라고 하고, 『儀禮經傳通解』50)에는 "田이란 큰 쑥과 풀을 둑(제방)으로 삼은 것으로, 田獵이라고 말하는 것은 반드시 큰 낫으로 野草를 베어 지

---

42) 비단으로 만든 깃발과 기드림이 달린 무늬가 없는 붉은 기, '旃以招大夫'『左傳』.
43) 깃대 위에 犛牛(리우, 모우. 털이 검고 꼬리가 긴 소)의 꼬리를 달고 이것을 새털로 장식한 기, '大夫以旌'『맹자』.
44) 거친 베로 엮은 기.
45) 문지방.
46) 문지방.
47) 과녁 혹은 나무토막.
48) 깃대 위에 검정 소의 꼬리를 달고 이것을 새털로 장식한 기.
49) 旃과 旌을 서로 좌우로 잇대어 門과 비슷한 것.
50) 禮에 관한 고전을 傳으로 삼아 편집한 禮書, 7편 37권.

경의 둑으로 삼고 사냥하는 장소를 만들고 에워싸서 사냥감을 잡는 곳으로 본뜬 것이다. 혹 그 가운데 머물러 휴식하는 것은 아직 밭이 되기 전에 군사들에게 조심하도록 주의를 시키고 백성들에게 알리는 것을 말한다. 그러므로 戰法을 教示함에는 마땅히 그 사이에 있는 집에서 머무른다. 그 둑의 廣狹은 明文이 없으며, 갖옷(거친 베)으로 엮은 기(旆)를 門으로 삼는 것은 이미 지경의 둑이 만들어져서 마땅히 둘레에 宿衛를 세우고 문을 세우는 것을 말한다. 이에 毛皮와 布로 엮어서 비단으로 만든 깃발과 닿게 하여 문의 두 주변으로 삼고, 그 문은 아마 남쪽으로 열고 아울러 두 문은 네 기와 네 털옷을 끌어 썼을 것이다. 갖옷으로 엮은 나무토막을 문지방으로 삼은 것은 또 갖옷으로 엮은 椹質(침질)[51]로써 문 가운데의 문지방으로 삼은 것인데, 문지방은 수레 끌채 끝의 멍에를 매는 곳 안쪽 양 주변에 수레의 바퀴와 동여맨 것이다. 사이가 주먹만큼으로 말을 채찍질하여 몰면 부딪쳐서 들어갈 수 없다. 그 문의 넓고 좁음은 두 머리가 깃발의 사이와 떨어짐이 각각 한 주먹과 사람 네 손가락 四寸이 되는데 이 문은 軸(굴대)[52]보다 八寸이 넓다. 이 문에 들어오려면 마땅히 빨리 몰아야 하며 들어와서도 천천히 달릴 수 없다. 날마다 전술을 가르침으로써 그 능력의 여부를 시험하기 때문에 말을 타고 달리게 한다. 만약 달려서 그 軸頭가 문 옆 깃발이나 중간의 문지방에 매여 있다면 들어올 수가 없다. 꺾는 (罰) 솜씨가 좋지 않기 때문이다.

   ○ 나는 수레의 손잡이 끈을 잡고 말이 수레를 이끌게 하여 반드시 步驟[53]를 알맞게 하는 말을 부리는 기술은 모두 쉽지 않다

---

51) 모탕, 도끼 받침.
52) 수레바퀴의 한 가운데의 구멍에 끼는 나무.

고 생각한다. 가만히 생각건대 과군표는 더욱 어렵지만, 中原의 사람들은 어릴 때부터 성실하게 익혀 쉬운 일이었을 것이다. 그 君表에 들어올 때 (네 필의 말이 끄는 마차에서 멍에를 끼고 달리는) 안쪽의 두 말과 바깥쪽의 두 말이 從容히54) 절도에 맞아 온전히 나의 손바닥이 양편의 깃대를 쥐고 있어서 중간의 문지방 이것과 저것은 방해가 되지 않는다. 이것이 말을 잘 부리는 것이다. '습관은 자기도 모르는 사이에 변하여 천성과 같이 된다'라는 俚語는 이것을 말한다.

○ 나는 일찍이 임금이 조회를 받을 때 그 中門55)에는 문지방이 있는데 아마도 중문을 지나가지 않을 수 없게 함으로써 많은 신하의 출입을 한정하기 위한 것이라고 들었다. 만약 군표를 설치하는데 天王이 전렵으로 인하여 대열을 할 때는 양쪽에 기를 세워서 門으로 삼고 문의 가운데에 또 하나의 문지방을 설치한다. 문지방은 갖옷을 엮어서 과녁(혹은 받침 나무토막)으로 사용하지만, 그 質56)은 나무로 높거나 얕게, 크거나 작게 만드는데 그 만드는 방법은 듣지 못했고 갖옷으로 엮었는지도 아직 알지 못한다. 程氏는 '質은 도끼의 날카로운 머리와 같다'라고 하고 또 '형벌의 도끼 받침으로 사용되는데 이것이 곧 刑人의 斧質57)이다'라고 하였다. 또 '옛날에 문의 가운데에 하나의 壁尺을 사용했는데, 벽척이란 지금의 문을 막는 긴 빗장과 같

---

53) 천천히 달림과 빨리 달림.
54) 자연스럽고 부드럽게.
55) 대궐의 가운데 문.
56) 과녁, 받침 나무토막.
57) 죄인을 죽이는 데 쓰이는 도끼와 모탕.

은 것으로 생각한다'라고 하였으며, 주자는 '후세에는 다만 石墩(석돈)58)만을 사용하였으나 그 만드는 방법과 명칭은 비록 같지 않지만 모두 闑(얼)59)이라고 하였고 또 옛날과 지금의 制度도 같지 않다'라고 하였다. 정 씨가 말한 것들은 이와 같아서 많은 학자가 의심한다. 그러므로 妄言으로 이해한다.

○ 闑(얼)은 槷으로도 쓰는데 射術의 표준(과녁)이다. 세상에서는 檕(접, 겹옷, 衣+執)으로도 쓰고 또 槸이라고도 쓰는데 모두 잘못이다.

(4) 무교구(舞交衢)

교차로에서 수레를 돌릴 때 춤추는 듯한 절도에 따르는 것을 舞交衢라고 한다.

『周禮』의 注에 "교차로에서 수레를 몰 때 수레를 마땅히 춤추는 듯한 절도에 맞게 돌려야 한다"라고 하였다. 京山 程氏 補注에 "지금 十字 모양의 네거리에서 수레를 돌릴 때는 모름지기 춤추는 리듬에 맞듯이 돌려야 한다"라고 하였다. 熊 씨는 "'『詩經』·「鄭風」·大叔于田에 兩驂60)은 춤을 추듯이'라는 詩句는 또한 말 부림의 절도에 맞음을 말한 것이다"라고 하였다. 그러나 네거리라는 말은 없지만, 明文으로 증명할 수 있다.

---

58) 돌로 만든 돈대
59) 문지방.
60) 驂馬의 바깥 말.

(5) 축금좌(逐禽左)

禽獸가 오른쪽에 있고 수레를 왼쪽으로 몰아 임금이 쏠 수 있게
하는 것을 逐禽左[61]라고 한다.

말 부리는 자가 만약 오른쪽에서 짐승을 만나면 모름지기 수레를
왼쪽으로 돌려서 임금이 쏘기에 편리하도록 해야 한다. 『詩經』·「秦
風」·駟驖에 '襄公이 수레를 (짐승의) 왼쪽으로 돌려라'라는 詩句가
이것이다. 대개 활을 쏠 때는 반드시 그 짐승의 왼쪽을 맞혀야 곧 잡
을 수 있다. 禽이라고만 하고 獸를 함께 쓰지 않은 것은 아마 禽이
鳥獸의 總名이기 때문일 것이다. 또 사로잡을 수 있는 것을 모두 禽
이라고 한다.

○ 本注에 逐禽左란 말을 부릴 때 수레를 거꾸로 몰아서 짐승을
  왼쪽으로 몰아 마땅히 임금이 쏠 수 있게 해야 한다고 하였다.

○ 程氏는 "축금좌는 또한 어려운 일이다. 만약 짐승이 오른쪽에
  있으면 모름지기 수레를 왼쪽으로 지나가게 몰면 곧 주인이 쏘
  는 것인데, 만약 짐승이 (주인의) 왼쪽에 있으면 쏠 수가 없다"
  라고 하였다.

○ 公羊傳에 "왼쪽 옆구리로부터 오른쪽 어깻죽지를 꿰뚫은 것이
  가장 잘 잡은 것이고, 귀의 밑을 꿰뚫은 것이 그다음이며, 왼쪽
  옆구리를 쏘아 오른쪽 허벅다리 뼈를 꿰뚫은 것이 가장 낮다.
  얼굴에 상처가 난 것은 (임금에게) 드리지 않으며, 털을 벤 것
  도 드리지 않으며, 사로잡지 않은 것도 드리지 않는다. 짐승이
  비록 많을지라도 30마리를 택하고 그 나머지는 대부에게 주어

---

61) 수레로 짐승을 왼쪽으로 몰아 임금이 쏘기에 편리하도록 하는 것.

澤宮[62)]에서 習射하게 한다”라고 하였다. 아마 심장을 맞혀 빨리 죽게 하는 것이 가장 잘 잡은 것으로서 임금의 祭需로 삼고, 심장에서 멀리 맞혀 천천히 죽게 하는 것이 그다음으로 잘 잡은 것으로서 빈객에게 대접하며, 창자와 위를 맞혀 방광을 더럽혀 죽는 것이 더욱 늦은 것으로서 임금의 부엌을 채운 듯하다. 얼굴에 상처가 난 것을 올리지 않음은 손상되어 물리치기 때문이며, 사로잡지 않은 것을 드리지 않음은 일찍 죽었기 때문이며, 30마리를 擇取함은 매번 (사냥한) 짐승에서 30마리를 택하여 임금의 제수와 빈객의 접대와 임금의 부엌에 필요한 각각의 10마리를 마련하기 위해서이다.

짐승을 쏠 때는 반드시 왼쪽을 쏘고 또한 세 등급으로 나누는 것이 그 제도에 맞고 활쏘기의 정도이다.

왼쪽 옆구리로부터 쏘아서 오른쪽 어깻죽지를 꿰뚫어 심장을 맞혀 빨리 죽게 하는 것이 가장 잘 잡은 것으로 임금의 제수로 삼아 종묘에 받친다. 膘는 普와 沼의 반절로 옆구리이다. 髃는 魚와 侯의 반절이며 또 偶와 같고, 뜻은 어깨 앞 뼈이다. 세상에서는 肩頭라고 한다.

왼쪽 옆구리로부터 쏘아 오른쪽 지라를 꿰뚫어 심장에서 좀 멀리 맞혀 천천히 죽는 것이 다음으로 잘 잡은 것으로 빈객에게 대접한다.

왼쪽 옆구리로부터 쏘아 오른쪽 허벅지 뼈를 꿰뚫어 창자와 위를 맞힘으로써 방광을 더럽혀 천천히 죽게 하는 것은 가장 하등의 잡음으로 임금의 부엌을 채운다. 骼은 음이 格이고 뼈이다. 胯는 披와 爻의 반

---

62) 周代에 선비를 뽑기 위해 활을 쏘던 궁전.

절이며 방광(오줌통)의 물이 모이는 곳이다. 세상에서는 胞라고 하는데 잘못이다.

잡은 짐승이 비록 많을지라도 30마리만 擇取하여 종묘와 빈객, 君庖에 각각 10마리씩 내린다. 더 이상 많이 취하지 않음은 바르게 받들기 위해서인 듯하다.

(위) 세 종류로 사냥하여 잡은 이외의 남은 짐승은 누군가 거두어서 士夫(사대부)의 習射로 모두 받아 내려준다.

사냥하여 짐승을 잡는 데에는 상, 중, 하, 세 가지 다름이 있는데 배우는 사람은 대부분 기억할 수 없다. 그러므로 先人들이 또한 章句를 集成하여 끝에 더함으로써 아동들이 익히기에 편리하게 하였다.

五. 육서(六書)

『周禮』와 漢律(한나라의 律詩)은 모두 마땅히 六書를 배워야 그
뜻에 貫通할 수 있다.

上古의 聖人이 "복희 씨가 우러러 天文을 보고 굽어 地理를 살펴
비로소 八卦를 그리고 이에 書契[1]를 만들었다. 이때 朱襄[2]에게 명
하여 육서가 시작되고 결승문자를 대신함으로써 文籍[3]이 생기게 되
었다. 黃帝의 史臣[4] 倉頡과 沮誦이 다시 육서를 널리 쓰이게 하였

---

1) 중국의 태고의 글자, 나무에 새긴 글자.
2) 炎帝 神農氏의 별칭.
3) 서적.
4) 史草를 쓰는 신하.

다. 훌륭하도다, 그 공적이여!"라고 하였다.

奎星[5]의 圓曲의 형세를 우러러보고, 龜文[6]과 鳥迹[7]의 모양을 굽어살펴서, 여러 아름다운 것을 널리 변별하고 합하여 글자를 만든 것이 곧 科斗文字[8]이다.

[부주] 옛날에 伏犧氏가 천하를 다스릴 때 비로소 八卦를 그리고, 이에 飛龍이신[9] 朱襄(神農氏)에게 명하여 六書를 처음으로 지었으며, 黃帝의 史臣 倉頡과 沮誦이 伏義의 글자를 널리 퍼트려 다시 육서를 이루었다. 이것이 古文이며 또 科斗라고도 하는데 글씨를 옻칠로 쓰며 머리는 크고 꼬리는 작아 모양이 마치 올챙이와 같아 이름한 것이며 옻칠로 대쪽에 쓴 글씨(漆書)이다. 주나라 선왕에 이르러 太史 籒(주)가 더욱 글자를 더하여 大篆이라고 이름을 짓고 또 籒書라고도 부른다. 진나라 李斯 때에 八分[10]이 있었던 듯한데 거기에서 二分을 버리고 小篆[11]이라 불렀으며 세상에 마음대로 행해져 程邈이 또 대전을 변개하여 隷를 만들었다. 隷를 다스려 널리 퍼져 官府에 편리하게 되었으므로 隷書라고 한다. 한나라의 王次仲이 이에 예서를 變改하여 八分을 만들어 지금 隷라고 세상에서 부르는데 잘못이다. 楷는 곧 지금 隷에서 말미암은 것으로 古隷를 변개한 것이다.

象形[12]의 類別[13]에 따름으로 文이라고 하고, 모양과 소리가 서로 더하여져 불어남이 그치지 않음으로 字라고 한다. 文에는 모음과 자음이 있는데 類別을 主로 하면 모음이 되고, 유별을 從으로 하면 자

---

5) 28宿의 하나, 16개의 별로 구성되어 있으며 文運을 주장한다고 함.
6) 거북의 등딱지 무늬.
7) 새 발자국.
8) 篆文 이전에 사용된 最古의 문자, 글자의 획이 올챙이 모양과 같으므로 蝌蚪文字라고도 한다.
9) 성인으로 왕위에 있는.
10) 隷書에서 二分, 篆字에서 八分을 따서 글자를 만들었기 때문에 팔분이라고 한다.
11) 李斯가 대전을 간략하게 하여 만든 서체.
12) 사물의 형상.
13) 비슷한 종별에 따라 나눔.

음이 된다. 象形이 文이 되고 指事, 會意, 轉注, 諧聲은 字(字形과 字音의 증가)가 된다. 假借라고 하는 것은 본래는 글자가 없는데 빌려 써서 문자의 부족한 것을 채운 것이다. 書14)란 如15)이다. 그 말을 竹帛에 적어서 사람의 뜻을 같게 할 수 있어서 書라고 한다. 文은 그 모양(形)을 말하고, 字는 그 늘어남(孶)을 말하며, 書는 그 쓰임(用)을 말하니 분별함이 지극하다.

옛날에는 종이가 없었고 竹簡을 엮어서 쓰기도 하고 혹은 비단 (帛)에 쓰기도 했는데 비단을 또한 종이(紙)라고 한다. 前漢의 皇后 紀에게 赫蹏紙(혁제지)16)가 있었는데, 세상에서 後漢의 蔡倫에게서 비롯되었다고 하는 것은 잘못이다. 아마도 채륜에 이르러 制造된 연 후에 종이가 정교하게 좋아져서 세상의 소중한 물건이 되어 後漢 和 帝 元興 元年에 임금에게 上奏하였을 것이다.

○ 蹏(足+虎)는 본래蹏17)라고 쓴다.

六書를 배우는 것은 儒者의 근본이다. 스승이 가르치면 학생은 익히는 것이 먼저 해야 할 일이다. 세상이 내려갈수록 사람은 없어지고 書法은 전해지지 않으며 俗儒들이 授業18)하니 누가 本原을 探究하겠는가?

그 文을 밝힐 수 있어야 詞19)에 통할 수 있고, 문장에 다 통하면

---

14) 글자.
15) 따르다, 같게 하다.
16) 얇고 작은 종이.
17) 종이 제. 얇은 종이쪽.
18) 학문을 가르쳐 줌

그 뜻을 얻을 수 있다. 경서를 밝히고 역사를 고증하는 것은 모두 이에 바탕을 두며 천하의 사물은 이것이 늘어남만 한 것이 없다.

五方의 사람들은 언어가 같지 않아 명칭이 한 가지가 아니고 문자가 서로 통하지 않아 성인이 이미 나타나서 그 名聲[20]을 화합하고 그 문자를 같게 하여 하나로 귀착시켰다.

글자를 만드는 근원은 먼저 그 소리에 순서를 정하고 다음으로 文 (글자)에 이름을 지어, 세 가지(字, 聲, 文)가 이미 갖추어지면 制作의 방법이 그 일을 얻는다.

聲은 陽이 되어 形而上者[21]이고, 文은 陰이 되어 形而下者[22]이다. 소리는 經[23]이 되어 이미 막힘이 없이 갖추어져 있지만, 文은 緯[24]가 되어 모가 나고(네모지고) 충분하지 않다.

訓詁의 선비는 글자로 말미암아 뜻을 구하는 것은 아마 알겠지만, 소리로 말미암아 뜻을 구하는 것은 거의 모를 것이다. 문자의 쓰임은 諧聲이 가장 넓고 假借가 그다음이며, 그 소리로 말미암아 그 뜻을 구할 수 있게 됨으로써 문자의 뜻이 바야흐로 남김없이 다할 수 있다.

몽매한 선비가 학문에 들어서면 瞽史(고사)[25]에 속하여 史는 書名을 바로잡고 瞽는 聲音을 맞게 한다. 소리로써 귀를 바로잡고 글로써 눈을 바로잡아 瞽史가 화합하여 耳目의 政事를 닦으면 어그러지

---

19) 문장.
20) 명칭과 소리.
21) 모양이 없는 것.
22) 모양이 생긴 것.
23) 날실
24) 씨실.
25) 周代의 벼슬 이름. 瞽는 太師로서 임금을 곁에 모시고 誦詩와 諷諫하는 일을 맡으며, 史는 太史로서 天文을 맡음.

지 않는다.

文이란 八卦와 같아 文이 이루어지면 字26)가 이에 늘어난다. 겹치고 거듭하여 八卦가 64괘가 되는 것과 같고, 假借로써 통하여 모든 것과 서로 접촉하여 늘어나 六書를 알게 되는 것이 거의 易에 가깝다.

六書 가운데에는 天文·地理·人事·物則이 모두 갖추어져 있다. 載籍(재적)27)이 나타남은 文에서 비롯된 것이니 文의 妙用은 크도다. 이상 10조는 모두 戴氏가 말한 것이다.

(1) 상형(象形)

그림을 그리어 그 사물을 이루며 사물의 모양에 따라 구불구불하다.

[부주] 이후에 육서의 법은 다만 각각 몇 글자만을 들어 그 대강을 揭示할 따름이며 나머지는 類推28)할 수 있다.

① 천문의 형상은 해(日)와 달(月), 구름과 별과 같은 것이다.

해(日)는 太陽의 精華로 바르게 둥글고 이지러짐이 없으며, 달(月)은 太陰의 精華로 이지러질 때가 많고 찰 때는 적다. 그러므로 글자에 한 귀퉁이가 떨어져 나간 것이 ⏾(月의 篆文)이 된다. ⫿(川의 전문)은 山川의 기운이다. 小篆에서 云으로 고쳐서 만들고 後人이 雨를 더하여 雲으로 만들었는데 형상(모양)이 아니다.

○ 만물의 精靈29)으로 위에 늘어선 것이 별(星)이 되고 또는 ⬡으

---

26) 字形과 字音.
27) 책, 서적.
28) 서로 비슷한 점으로부터 그 밖의 것을 미루어 짐작함.
29) 만물의 근원을 이룬다는 신령스러운 기운.

로 쓰는데, 소전에서는 ⚹(星의 고문)로 쓴다. 밝게 빛나는 별
빛의 모양(晶)을 본떠 빛의 뜻이 되고 소리를 이룬다.

② 지리의 형상은 산(山)·언덕(丘)·물(水)·밭(田)·밭도랑
(畎)·봇도랑(澮)·벼랑(厓)·들(坰)이다. 坰은 古와 螢의 반절이다.

屾은 산봉우리가 높게 솟은 모양이다. 소전에는 山과 ⾱으로 쓴
다. 사방이 높고 중앙이 낮아 一을 본떠 땅(地)이다. 巛은 곧 坎卦
(감괘)를 기울인 것으로 물이 흘러가는 모양이다. ⊞(田)은 囗(에울
위)와 十을 본뜬 것으로 畺(疆),[30] 畔(두둑), 阡陌(천맥)[31]의 본보기
가 되고, ㇄는 물의 작은 흐름이다. 또 밭 사이의 작은 도랑으로 넓
이와 깊이가 한 尺인 것을 ㇄라고 한다. 소전에서는 畎로 쓰고 예
서로는 畎으로 쓴다. 밭이 사방 100리가 同(同方百里)이 되고, 同[32]
사이에 넓이가 두 尋(여덟 자)이고 깊이가 두 仞(8尺)인 것을 ㇄라
고 하는데 溝洫[33]이 모이는 곳으로 예서로는 澮로 쓴다. ㇄는 쌍 옷
말로 표시의 한계 모양이다. 고문에서는 凨로 쓰고 예서로는 坰으로
쓰며 수풀 밖을 坰이라고 한다.[34]

> **[부주]** 『詩經』·頌·魯頌에 "살이 찌고 헌칠한(駉駉) 수말의 떼가 멀고 먼 들판에 뛰노
> 는 도다"라고 하였다. 살피건대, 駉은 본래 駫(馬+光)으로 썼다. 坰은 駉으로도
> 쓰는데 야외에 있는 말 목장이다. 지금 詩語로 쓰는 駉과 坰 두 글자는 바르게
> 일치한다.

---

30) 지경.
31) 밭 사잇길.
32) 사방 100리의 밭.
33) 봇도랑.
34) 邑外를 郊, 郊外를 野, 野外를 林, 林外를 坰이라고 한다.

③ **人品(인품)**35)의 상태는 사람만이 존귀하여 신하가 있고 자식이 있다.

𠑹는 서서 다니는 모양을 본뜬 것이고, 大는 곧 사람(人)으로 똑 바로 서 있는 모양을 본뜬 것이고, 臣은 임금을 섬겨 굽혀 복종하는 모양을 본뜬 것이고, 子는 李陽冰36)이 "아들(자식)은 포대기에 싸여 두 다리가 나란히 있다. 옛날에는 𢀈라고 썼는데 巛은 머리털이다" 라고 하였다.

○ 천지 만물이 가지고 있는 본바탕 가운데에 사람이 가장 존귀하 다. 그러므로 신하와 자식이 임금과 아버지를 섬기는 것은 인 륜의 시작이다. 그런즉 이 네 글자는 비록 그 모양으로 예를 들 었을지라도 또한 그 뜻도 겸한 것이다.

④ **身體(신체)**의 모습은 身(몸), 首(머리), 耳(귀), 目(눈), 手(손), 足 (발), 卪(무릎), 厶(私의 古字)이다. 卪은 음이 절이고, 厶는 음이 私이다.

身은 申으로 옆으로 서 있는 모양을 본뜬 것이다. 人과 申을 따라 간략히 한 것이며 또한 뜻이 소리를 겸한 것이다. 지금 예서에서는 身으로 쓴다. 首은 머리와 얼굴인데. 위는 머리털을 본뜬 것으로 옛 날에는 𦣻로 썼다. 目는 소전에서는 目(目의 전 문)로 쓴다. 手는 팔 뚝과 손가락을 본떴고, 足는 무릎과 정강이, 발꿈치(跟)와 발(趾)을 본뜬 것이다. 卪는 骨節인데 後人들은 뼈의 마디(節)와 통용하였다. 厶는 남자의 불알(고환)인데 또 조라고 읽고, 또 코의 모양을 본뜬

---

35) 사람 사이의 次序.
36) 唐의 서예가, 전서에 능함.

것이기도 하다. 了 자를 뒤집으면 또한 己 자이다. 자식은 사랑의 근본이다.

⑤ 초목의 모양은 ++(풀) 木(나무), 果(열매), 瓜(오이), 不(꽃의 암술의 씨방), 朮, 巴, 豐(華의 本字)[37]이다. 不는 음이 부이고, 朮는 匹(pi)과 刃(ren)의 반절이고, 巴는 胡(hu)와 感(gǎn, han)의 반절이다.

艸(草의 篆文)는 두 屮 자를 모은 것으로 척(尺)과 열(列)의 반절이며 곧 옛날의 艸자이다. 『漢書』을 보면 세상에서는 草라고 썼다. 朩(木의 전문)은 支干[38]의 모양을 본뜬 것이다. 果(果의 전문)는 나무에 딸린 열매의 모양을 본뜬 것이다. 瓜는 덩굴풀 열매의 모양을 본뜬 것이고, 不는 꽃 아래의 꽃받침으로 『詩經』·小雅·常棣 편 "(常棣之華) 鄂不韡韡"라는 구절의 鄂(악)[39]이다. 朮는 삼(麻)의 조각이다. 㕛, 林, 枲는 이 巴를 따른 것으로 초목의 꽃이 드러내어 보이기는 하지만 아직 피지는 않은 것이다. 豐는 華瓣[40]을 본뜬 것으로 열매를 다닥다닥 맺혀 아래로 늘어진 모양이다. 아래에 亏[41]를 붙인 것은 밖에 나타나지 않은 모양을 본뜬 것이다. 後人이 ++를 더하여 華가 되었다.

[부주] 草는 『說文』에 ++와 早를 따른 것으로 昨(zuó)와 保(bǎo)의 반절이며 상수리나무 열매이다. 『周禮』에는 "山林植物 宜早物"이라 하고 『시경』·「소아」·大田에는 "旣方旣早"라 했는데 草는 ++와 같지만, 早 字는 아니다. 許氏의 '偶失之案'에는

---

37) 초목의 꽃.
38) 가지와 방패.
39) 꽃받침.
40) 꽃잎.
41) 虧, 휴.

櫟의 열매는 橡栗(상율)42)의 종류라고 하였다. 전서로는 🔲로 쓰는데 아래에 혹 甲 자가 따르기도 한다. 六書는 그러므로 그 房(껍질, 꽃송이)이 검은색으로 물들어 있는지를 고찰할 수 있다. 검다(黑)라는 이름으로 말미암아 후(조)43)라고 한다.

⑥ 금수의 모양은 朋(鳳) 鳥 燕 隹(추)44) 牛 羊 鹿 馬이다. 朋는 옛날의 鳳 자이다. 隹는 음이 雛(추)이다.

🔲는 상서로운 새이다. 굽은 목과 펴진 꼬리의 모양을 본뜬 것이다. (朋과 음이 비슷하여) 빌려서 朋(黨)이 되었다. 후세 사람들이 鳳으로 썼는데 鳥를 좇아 凡은 소리를 따른다. 🔲(鳥의 전문)는 날짐승으로 꼬리가 긴 것의 總名이다. 예서로는 鳥로 쓴다. 🔲(燕의 전문)은 玄鳥45)로 대껍질과 같은 부리와 물고기의 꼬리와 날개가 늘어진 모양을 본뜬 것이다. 🔲(雀의 전문)은 꽁지가 짧은 새의 총명이다. 🔲(牛의 전문)는 뿔과 꼬리의 모양을 본뜬 것이다. 🔲(羊의 전문)은 머리의 뿔과 발·꼬리의 모양을 본뜬 것이다. 🔲(鹿의 전문)도 또한 머리, 뿔, 발, 꼬리를 본뜬 것이다. 🔲(馬의 전문)는 머리 갈기와 발, 꼬리의 모양을 본뜬 것이다.

   O 🔲(此+束)는 세상에서 觜(취)46)라고 쓰는데 잘못이다. 이 다섯 자는 다음 條의 부주 끝에 들어가야 한다. 바로잡는다.

---

42) 상수리나무.
43) 도토리, 상수리의 열매가 아직 견고하지 못한 것.
44) 비둘기.
45) 제비의 별칭.
46) 부리.

⑦ 黽(맹),47) 虫,48) 易49) 豸(치),50) 蛇(사),51) 巴(파),52) 龜(귀)53)
魚(어)54) 등 벌레의 모양. 黽(맹)은 모와 행의 반절이다. 它는 옛날 蛇 자
이다.

🐸(黽의 전문)은 鼃(와)55)인데 큰 배의 모양을 본뜬 것이다. 🐛(虫
의 전문)는 蝮(복)56)인데 음은 虺(훼)이다. 넓이는 3촌이고 머리가
커서 마치 엄지손가락과 같다. 易(易의 전문)는 蜥蜴57)인데 守宮이
라고 부르기도 하며 세상에서는 蜴이라고 쓴다. 豸(豸의 전문)는 발
이 없는 벌레인데 丈과 爾의 반절이다. 它(它의 전문)는 屈曲58)진
모양을 본뜬 것이고, 巴(巴의 전문)는 코끼리를 잡아먹는 大蛇이다.
가운데에 一을 좇은 것으로, 徐鍇59)는 "一은 삼킨다는 것이다"라고
하였다. 『楚詞』에서는 "코끼리를 삼키는 큰 뱀이 있는데 그 크기가
얼마인가?"라고 하였다. 혹은 길이가 千尋60)이라고도 한다. 龜(龜의
전문)는 꼬리와 발과 거북의 등딱지 모양을 본뜬 것이다. 魚(魚의 전

---

47) 맹꽁이.
48) 발 있는 벌레.
49) 도마뱀.
50) 발 없는 벌레.
51) 뱀.
52) 코끼리를 잡아먹는 큰 뱀.
53) 거북.
54) 물고기.
55) 개구리.
56) 살무사.
57) 도마뱀.
58) 구불구불함.
59) 宋의 학자, 名文家, 『說文繫傳』을 지음.
60) 팔천 척.

문)는 머리, 꼬리, 등지느러미의 모양을 본뜬 것이다.

> **[부주]** 黽(맹)은 세상에서는 龜라고 쓰는데 잘못이다. 또 빌려서 閔, 勉이라고 읽기도 한다. 蠅(승, 배가 큰 파리)자는 이 맹꽁이를 좇아서 그 배가 큰 것을 본뜬 것이다. 虫은 옛날에는 蟲 자로 音은 빌려서 虺(훼) 자로 쓴다. 後人들이 두 虫 자를 붙이고 지금은 偏旁(한자의 왼쪽 부분이 偏, 오른쪽 부분이 旁)에 따르는 것은 모두 蟲 자의 의미이다. 易은 세상에서 蜴으로 쓰는데 『周易』의 易이란 글자와는 다르다. 日과 月을 붙여 易이 된다. 豸(치)는 본래 '등골뼈가 긴 짐승이 먹이를 덮치려고 몸을 잔뜩 웅크리는 모양[61]'인데 빌려서 虫으로 삼았다. 豸 자도 또한 상형이다. 세속에서 廌(치, 사슴 비슷한 一角獸)와 같이 쓰는데 잘못이다. 貉(학, 담비) 豹(표, 표범) 豻(간, 한, 들개)과 같은 부류의 글자는 이것을 따른 것이다.

⑧ 弓(활), 矢(화살), 舟(배), 車(수레), 午(절굿공이), 臼(절구)와 鼎 (솥), 壺(호, 병)는 기구의 모양이다.

弓(弓의 전문)은 隷書로는 弓이다. 옛날에 倕[62]가 활을 만들어 가까운 곳으로부터 쏘아 먼 곳에 떨어지게 하였다. 矢(矢의 전문)는 夷牟(이모)[63]가 만든 화살인데 화살촉을 묶은 화살 깃을 본뜬 것이다. 舟(舟의 전문)는 황제의 두 신하인 共鼓와 貨狄[64]이 나무를 쪼개서 만든 것으로서 통하지 않는 곳을 건너게 하였다. 轟는 소전으로는 車(車의 전문) 尺과 遮의 반절이고, 叶韻으로 음은 거 라고 쓴다. 午(午의 전문)는 (두 사람이 번갈아 절굿공이를 찧는 모양) 쌀을 찧는 그릇인데 빌려서 午로 했지만, 글자가 아니다. 그러므로 後人이 木을 더하여 杵라고 썼다. 臼(臼의 전문)는 象形으로 雍父[65]가 처음으로 午

---

61) 【역주】『說文』 참조.
62) 수. 황제 때의 巧人. 『集韻』(송나라 丁度 등이 奉勅撰한 音韻書, 10권) 참조.
63) 黃帝 시대에 처음으로 화살을 만든 사람.
64) 【역주】 이상 두 사람이 배를 만듦.
65) 黃帝의 신하.

臼66)를 만들었다. 鼎(鼎의 전문)은 발이 셋이고 두 개의 솥귀가 五味를 섞는 그릇이다. 壺(壺의 전문)는 昆吾67)에서 만든 것으로 뚜껑이 위에 덮여있다.

⑨ 囱, 戶(창문과 지게문), 宀(면, 집, 지붕), 門(문)은 宮室(家屋)의 모양이다. 宀은 음이 綿이다.

囱은 세상에서 窗과 牕으로 함께 쓰는데 잘못이다. 옛날에는 ⑩로 썼는데 또한 竈突(조돌, 굴뚝)이다. 문 반쪽은 戶(戶의 전문)이고, 宀(宀의 전문)는 深屋(堂과 室이 있는 집, 바깥채와 안채)을 엇갈려 덮는 것이다. 옛날에 几, 門(사람이 다니는 문)을 만들 때는 두 문짝을 서로 합하여 만들었다. 囱은 또 悤으로도 읽는다.

⑩ 衣, 帶, 冃(모, 머리쓰개), 巾(건, 頭巾)은 服飾(복식, 옷과 장식)의 모양이다. 冃는 음이 冒이다.

衣(衣의 전문)는 依(人+衣)68)로 몸의 장식이다. 오랑캐의 자손이 만든 것이다. 帶(帶의 전문)69)는 糸佩70)의 모양을 본뜬 것이다. 허리에 띠를 두르면 반드시 頭巾을 쓰게 되므로 重巾71)을 따른다. 冃(모)는 冂(경)과 二를 따른 것으로 장식을 뜻한다. 세상에서는 帽라

---

66) 杵臼, 절굿공이와 절구.
67) 옛날 西戎의 나라.
68) 사람 몸에 휘감긴 의복의 모양.
69) 띠에 장식끈이 겹쳐 늘어진 모양.
70) 비단으로 만든 노리개.
71) 천을 겹친 모양.

고 쓰는데 잘못이다. 巾은 冂에 丨을 따른 것으로 걸어서 드리운 모양을 본뜬 것이다. 『禮記』에 "左佩紛帨(여자가 왼쪽 허리에 행주를 찬다.)"라는 것이 곧 巾이며, 또 머리에 썼으니 또한 巾이라고 한다.

이상의 열 가지를 象形이라고 한다.

① 仝, 丨, 文, 爻, 囗, 勹, 卂, 交는 그 모양을 본뜬 것이다. 仝은 它(tā, she)와 頂(dǐng)의 반절이다. 丨(gun)은 古와 本의 반절이다. 囗(에울 위)는 음이 韋이다. 勹(쌀 포)는 包라고 읽는다. 卂은 음이 迅(xùn)이다.

仝는 사물이 흙을 뚫고 쑥 솟아나는 모양으로. 본래는 仝로 썼다. 徐鉉72)은 "사람은 흙 위에 있고 빼어난 모양으로 서 있는 것이다"라고 하였다. 丨은 위와 아래를 꿰뚫는 모양이다. 文(文의 전문)은 무늬를 그리어 交錯73)한 것이다. 爻는 뒤섞여 막히지 아니하고 잘 통하는 모양이다. 囗74)는 담으로 둘러싼 것이다. 勹(勹의 전문)는 굽은 모양으로 물건을 싼 형상이다. 卂는 새가 빨리 날아서 날개가 보이지 않는 모양이다. 交(交의 전문)는 參錯(참착)75)한 모양으로 大를 쫓아 교차시킨 것이며, 또한 정강이를 교차시킨 모양과 서로 함께하는 모양을 본뜬 것이다.

---

72) 송나라 학자, 아우 徐鍇와 함께 二徐라 불리며 說文學에 정통함. 태종의 명을 받들어 許愼의 『說文解字』를 교정, 오늘날 통용하는 『설문해자』 15권의 定本을 편찬함.
73) 서로 뒤섞이어 엇갈림.
74) 에울 위.
75) 서로 엇갈리어 섞임.

[**부주**] **全**은 善이고76) 正이다. 사람(人)이 흙(土) 위에 있는데, 흙은 삶을 두껍게 할 수 있어 또한 會意이기도 하다. 囗(위)는 四方이다. 크면 천하에 두루 미치고 작으면 邦域을 區別한다. 爻는 또 易의 爻로 變動하고 交錯한다. 勹는 또 胎衣77)이다. 後人이 包로 써서 자식이 勹 가운데에 있는 모양을 본뜬 것이다. 세상에서는 胞로 쓰기도 한다.

② 一에서 十, 廿, 卅, 卌은 그 數를 본뜬 것이다. 廿(입)은 人과 汁의 반절이다. 卅(삽)은 蘇와 沓의 반절이다. 卌(십)은 息과 入의 반절이다.

一, 二, 三, 그리고 亖는 四와 같다. 五는 古文에서는 ✕로 썼는데 숫자에 들어있으며 數가 섞임을 본뜬 것이다. 後人이 (아래와 위에) 二를 더하여 **𝕏**(五의 전문) 로 써서 上下와 天地를 가리킨다. ✕와 午와 같은 뜻으로 交午78)되어 사방과 중앙의 위치를 정하여 土에 속한다. **𢎁**(九의 전문), 七, 八은 함께 六에서 음으로 변하고 八에서 正하게 된 것이다. 七은 陽의 바름이고, 九는 양의 변화이다. 廿은 스물(二十)과 같다. 卅은 三十과 같다. 卌은 四十과 같다.

[**부주**] 六은 丨을 쫓아 五에 상당하고 一을 쫓아서 이루어진 것이다. 옛날에는 上 字에 八을 더하여 구별하였다. 八 또한 陰數로 六 다음이다. 七은 一을 쫓아 五에 상당하며 가운데가 굽어 二에 상당한다. 八은 四와 짝을 지은 것으로 좌우가 四에 상당하다. 九는 丨을 따라 五에 상당하며 가운데는 乙을 따라 四에 상당하다. 또한 (四는) 八의 半이다. 十은 二 畫을 쫓아 각각 五에 해당하며 또한 ✕ 字가 한쪽으로 기운 것이다.

③ 丿(별), 乀(불), △, 厂, 그리고 广, 七는 그 體79)을 본뜬 것이다. 丿은 匹과 蔑의 반절이다. 乀은 分과 勿의 반절이다. △은 옛날의 集 자이

---

76) 『설문해자』 참조.
77) 태의 껍질.
78) 서로 뒤섞임.
79) 모습.

다. ㇀은 余(yu)와 制(zhi)의 반절이다. ナ과 ㄥ은 옛날의 左, 右 자이다.

㇁은 오른쪽이 어그러져 왼쪽으로 끌어당긴 모양을 나타낸다. 徐鉉(917-992)은 "그 글자가 이루어진 것은 머리를 세우고 몸체를 끌어당긴 것이다. ㇏은 오른쪽으로 어그러진 것이다. ⌒는 세 개를 합친 것이다. ㇀과 ㇁은 머리를 바로 세우지 않고 끌어당긴 모양을 나타낸다. ㇟는 왼손이고 ㇏는 오른손이다"라고 하였다.

[부주] ㇁과 ㇏는 (각각) 왼쪽과 오른쪽으로 어그러진 것으로, ㇀와 ㇟과는 같지 않다. ㇀은 옛날의 曳(예, yè) 자로서 여(餘, 余, yú)와 제(制, zhi)의 반절이다. ㇟은 흐르는 모양으로 음은 이(移, yí)이다. ㇀와 ㇟ 두 글자가 합하여 乂 자를 이루었는데 옛 예(乂) 자로 상형문자이다. ナ과 ㄥ은 옛날에 예서로 ㄓ와 㞢로 썼다. 지금의 예서로는 左와 右로 빌려서 사용한다. 좌(左)와 우(右)는 본래 去聲[80]인데 뒤섞임이 없이 빌려왔기 때문에 세속에서는 또 人 자를 더하여 좌(佐)와 우(佑)로 써서 구별한다.

④ 兮, 丂, 乃, 欠, 旡, 乎(乎의 전문), 只, 兌는 그 氣(기운)을 본뜬 것이다. 乎는 오늘날 乎로 쓴다. 旡는 旣로 읽는다. 只는 음이 止이다. 兌는 悦과 같다.

乎(乎의 전문)는 어세(語勢)를 일단 그쳤다가 다시 발양하여 고르게 하는 것이다. 어기가 丂[81]를 넘은 것을 나타낸다. 丂(yú)는 於(yú)이다. 형세가 더딤을 나타내며 丂(숨의 막힘)을 좇아 통하게 하여 一을 좇아 고르게 한다. 소전에서 丂로 쓰는데 잘못이다. 孑(乃의 篆文)는 (구부린 태아를 본뜬 모양으로 태아가) 숨(氣)을 제대로 쉬지 못하는 모양을 나타내며, 따라서 말하기도 어려운 것이다. 炙는

---

80) 현대 중국어의 제4성.
81) 于의 本字.

입을 벌리고 호흡(공기)을 깨닫는 것이다. 공기가 사람의 입으로부터 나오는 모양이다. 㿝는 먹고 마시는 기세가 거꾸로 되어 숨을 쉴 수가 없는 것이다. 㿝(乎의 전문)의 이지러지고 뒤집은 것을 따라 기세가 위로 흩어져 드러난 모양을 나타낸다. 㒑(只의 전문)는 기를 아래로 끌어당기는 모양이다. 㒑(兌의 전문)는 희락(喜樂, 기뻐함)을 뜻한다. 人, 口, 八을 따른 것으로. 八은 입김의 분산을 나타낸다. 또 음은 代이며 64괘의 하나(兌卦)이기도 하다. 說(기쁠 열) 자로 빌려 쓰기도 한다. 『周氏正譌』에 "고문에는 兌라고 썼는데 세상에서 悅로 쓰는 것은 잘못이다"라고 하였다.

⑤ 牟(모),[82] 芈(미),[83] 轟(굉),[84] 彭(방)[85]은 그 소리를 본뜬 것이다. 芈는 음이 米이다.

牟(牟의 전문)는 소 우는 소리이다. 그 목소리와 기운이 입에서 나오는 것을 나타낸다. 芈(miē, mǐ)는 양 우는 소리이다. 성기(聲氣)[86]가 입에서 나오는 것을 나타낸다. 轟은 여러 수레가 덜거덕거리는 요란한 소리이다. 彭(彭의 전문)은 삼(彡)을 좇아 (북을) 두드리는 소리(彭彭[방방])를 나타낸다.[87] 彡은 음이 삼(衫, shān)인데 섬(鐵, xiān)으로도 읽는다.

[부주] 모(牟)와 미(芈)는 소리의 기운이 배꼽으로부터 정수리에 이르러 그 소리가 황종

---

82) 소 우는 소리.
83) 양 우는 소리.
84) 수레들의 요란한 소리.
85) 북 치는 소리.
86) 음성과 기운.
87) 【역주】 필사본에는 擊자 다음에 鼓 자가 빠져있다.

(黃鐘)의 궁(宮)에 응하여 위에 이른다. 그러므로 고(告)라는 글자는 우(牛)를 좇아 하늘에 제사를 지낼 때 희생으로 소를 쓰는 것도 또한 이런 의미이다. 미(半)는 세상에서 艹으로 쓰는데 잘못이다. 또 초나라의 彭(팽) 씨는 壴(주)[88]를 좇아 옛날 鼓 자이다. 轟은 세 대의 수레로 또한 회의이다. 毗(pi)는 음이 皮(pi)이고 재(齎, 제로도 읽음, '아!'하고 탄식하는 소리)라는 뜻이다. 凶은 음이 信이다.

⑥ 오직 巳와 **𢎥**(亥의 전문)는 그 屬(무리)를 본뜬 것이다.

𢎥(亥의 전문)는 세상에서 亥로 쓰는데 잘못이다.

○ 十二辰은 모두 假借이나 오직 **𢀁**(巳의 전문)와 **𢎥**(亥의 전문) 두 글자만이 바르다. 夾漈(협제, 鄭樵, 1104-1162)는 "아마 巳와 亥는 같은 소리의 근원이 없다. 그러므로 巳를 빌리지 않으면 될 수가 없기에 뱀(它)의 모양을 본떠서 巳로 삼는다. (마찬가지로) 亥가 될 수 없으므로 돼지(豕)의 모양을 본떠서 亥로 삼는다. 陸農師(陸佃, 1042-1102)[89]은 그의 저술 『埤雅』에서 『說文』을 인용하여 "巳는 뱀의 모양을 본뜨고 亥는 돼지의 모양을 본떴다."라고 하였다. 아마 하나의 양(陽)이 子(제1간지)에서 생겨 巳(제6간지)에 이르러 여섯 개의 陽이 갖추어지고, 하나의 음(陰)이 午(제7간지)에서 생겨 亥(제12간지)에 이르러 여섯 개의 음이 갖추어진다. 그러므로 두 글자는 모두 상형(象形)이다. 어떤 이는 이 설을 취하지 않으니 사리에 밝은 이가 상명(詳明)하리라.

[부주] 『周氏正譌』에서는 "巳(sì)는 似(sì)이며 嗣(sì)[90]이다. 자식이 胎에 쌓여 있는 모양을 본뜬 것인데. 사람의 회임은 子로부터 巳에 이르는 모양이기 때문이다. 巳와

---

88) 악기 이름.
89) 문자학에 정통하여 『埤雅』를 저술함.
90) 이을 사, 후사 사.

子는 서로 비슷한 것을 본뜬 것으로 구설(舊說)에서는 뱀의 모양을 본뜬 것이라고 하는데 잘못이다"라고 하였다. 나는 "사람은 寅(제3간지)에서 생기는데 첫 번 달에 잉태(胚)[91]되니 곧 정월(正月)이다. 세 번째 달에 胎[92]가 되고, (그로부터) 네 번째 달에 巳(갑골문과 금문 참조)의 모양이 되고, 열 번째 달에 이르러 자식이 태어난다. 그러므로 (寅에서 시작하여 열 번째인) 亥 자(亥의 전문 참조)는 두 사람을 쫓아 1남 1녀이고,[93] 회임 중 태아의 웃음소리(咳咳, hāi hāi)를 나타낸다. 그러므로 아이를 낳을 수 있음을 빌려서 열 번째 달에 분류한다, 何氏는 '巳는 태에 싸여있는 모양이다. 子에서 巳에 이른다는 말은 곧 기가 극한에 이르렀다는 말이지 사람이 子에서 생긴다는 말이 아니다'라고 하였다. 巳는 태에서 아직 태어나기 이전의 모양이고 亥에 이르러 자식이 태어난다. 아마 寅은 사람의 실마리인데 만약 이치로써 대강을 말한다면 사람은 寅에서 생긴다는 것이 옳다"라고 생각한다.

이 여섯 부류 또한 象形이다.

(2) 지사(指事)

바로 그 일을 나타내어 한 번 보면 알 수 있다. 箸(zhù)는 陟(zhì)와 慮(lǜ)의 반절이다. 세상에서는 著로 쓴다.

ㅣ은 위로 一을 그어 나아감을, 아래로 一을 그어 물러섬을 나타내어 위와 아래가 통함을 뜻하는 글자이다. ㅣ이 위와 아래를 꿰뚫으면 中이 된다. 눈이 좌우를 보면 覞이 된다. 覞은 具(jù)와 遇(yù)의 반절이다.

ㅣ은 위로 끌어올려 정수리와 같은 것으로 해독하고, 아래로 끌어내려 물러섬으로 해독한다. 一은 땅이다. 覞는 갑자기 놀라 뒤를 돌

---

91) 임신 후 1개월째.
92) 태중의 아이.
93) 【역주】이 뒤로 빠진 글자가 있음.

아보는 모양이다.

> **[부주]** ⊥와 丅는 소전에서는 ⊥ 와 丅로 쓴다. 예서로는 또한 上, 下로 쓰고, 中은 口
> 와 ㅣ을 따른 것이다. ㅣ은 음이 袞(gun)이다.

旦, 夕, 申(申의 전문), 引, 广(詹), 立, 殳(爫+又), 爭, 甘, 音, 亘,
尹. 广는 음이 詹이고, 殳는 皮와 小의 반절이다. 亘은 음이 宣이다.

旦(旦의 전문)는 해가 땅 위로 나온 모양이다. 夕(夕의 전문)은 달
의 반쪽을 나타낸다. 申(申의 전문)은 곧게 한 것인데 臼와 ㅣ을 좇
아 양손으로 위로 끌어 올린 것이다. 옛날에는 吕로 써서 물건의 굽
힘과 폄을 따른 것이다. 引(引의 전문)은 활을 펴놓은 것으로 弓과
ㅣ을 좇아 화살을 곤두세워서 멀리 보내려는 뜻이다. 广은 높은 곳
에서 두려워하는 것으로 사람이 언덕 위 높고 험한 곳에 있다는 뜻
이다. 立(立의 전문)은 큰 사람을 따른 것으로 사람이 땅 위에 서 있
는 것이다. 殳(爫+又)는 위와 아래가 서로 붙은 것으로 爪와 又를 좇
은 것이고, 또는 손톱이 손바닥을 덮은 것이며 受와 같은 뜻이다. 爭
(爭의 전문)은 두 사람이 손으로 빼앗는 것으로 爪와 又를 따른 것
이며, 또 丿[94]을 좇은 것으로 옛날의 曳 자이다. 甘(甘의 전문)은 음
식의 맛으로 口와 一을 좇은 것이다. 音(音의 전문)은 音聲[95]이다.
言과 一을 좇아 말이 입 밖으로 나올 때 성대를 울려 가락이 있는
聲音(소리)을 뜻한다. 亘(亘의 전 문)은 위와 아래는 하늘과 땅을 뜻
하고 가운데는 回 字로서, 回는 천지의 기를 일으켜 널리 퍼뜨리는

---

94) 厂과는 다른 글자. 力 자의 변형으로 '힘을 들여 서로 당기다, 다투다'라는 뜻.
95) 목소리.

것이다. **尹**(尹의 전문)은 일을 다스리는 것이다. 又手[96]과 丿을 좇아 정사(事)를 손아귀에 넣는다는 뜻이다. 㪟은 음이 奪과 같다.

이와 같은 것들은 모두 指事이다.

(3) 회의(會意)

비슷한 종류의 뜻을 합하여 글자를 만든 것이다.

① 두 글자를 합한 것으로는 木 자 둘을 합하여 林이 되고, 火 자 둘을 합하여 炎이 되고, 人자 둘을 합하여 从(人+人, 從의 本字)이 된다.

세 글자를 합한 것으로는 木 자 셋을 합하여 森이 되고, 火자 셋을 합하여 焱이 된다. 세 사람은 众이 된다. 焱은 熖와 같고, 众은 衆과 같다.

母와 子가 합한 것으로는 一과 大가 합하여 天이 되고, 一과 土가 합하여 王이 된다.

天은 至高無上을 이름함으로 一과 大가 합하여 天이란 글자가 된다. 王은 도덕이 제일이므로 그 아래의 土(땅)에 王天下할 수 있다.

[**부주**] 『설문』에서는 공자의 "一이 三을 관통하니 왕이 된다"라는 말과 董仲舒의 "三이란 天地人이다"라는 말을 인용하였다.

---

96) 오른손.

② 中과 心이 忠이 되고, 如와 心이 恕가 된다.

스스로 일으켜 盡力하는 것이 忠이고, 자기를 미루어 남에게 미치게 하는 것이 恕이다.

人과 立이 (사람이 어떤 위치에 서 있는 모양인) 位가 되고, 人과 言이 信이 된다.

사람이 마땅히 설 자리가 位이고, 진실로써 말하는 것이 信이 된다.

女와 帚(추)가 婦가 되고, 系와 子가 孫이 된다.

婦人[97]은 물을 뿌리고 비로 쓰는 것을 제일 먼저 할 일로 삼고 그후에 부엌 안에서 한 집안의 식사를 주관한다. 아들의 아들을 孫이라 하고 핏줄을 잇는 것이다. 徐鉉[98]은 "孫은 遜(순종함)이다. 자식의 도리는 겸손하게 순종하여 마땅히 (혈통을) 계속해서 이어나가야 한다. 그러므로 아들이 핏줄을 이어 손자가 된다"라고 하였다.

③ 劣은 힘이 적다는 것이고, 盲은 눈이 없다는 뜻이다. 亡은 음이 無이다.

눈이 없는 童子가 盲이다.

陟(오를척, 阜+步)은 步阜(언덕을 오름)이고, 涉은 물을 건너는 것이다.

步는 止[99]과 少[100]이 잇닿는 모양이고, 阝는 세상에서는 阜로 쓴다. 少(shǎo)는 它(뱀 사, shé)와 逹(=挑, tāo)의 반절이다.

---

97) 여자.

98) 宋代의 학자, 說文學에 정통함. 태종의 명을 받들어 許愼의 『說文解字』를 校定, 오늘날 通用하는 『설문해자』 15권의 定本을 만듦.

99) 오른쪽 발바닥.

100) 왼쪽 발바닥.

이상 세 가지와 같은 것이 모두 會意이다.

(4) 전주(轉注)

한 글자의 모양을 다른 글자로 轉用하여 서로 넘나들며 쓰는 것인데 倒, 仄(側), 反, 北의 네 가지이다. 考와 老는 같은 것이 아니다. 北는 옛날의 背 자이다.

六書에서 유독 전주가 깨닫기 어렵다. 세상에서는 考와 老로써 전주로 삼는데 그 그릇됨을 깨닫지 못한 것이다. 先君(先考)이 고쳐 바로잡았으나 후학들은 어찌 그러한지를 아직 깨닫지 못하고 있다. 晤와 悟는 같다.

> [부주] 전주란 **MM**을 한쪽으로 기울여(仄) **B**이 되고, **坐** 를 上下로 뒤집어서(倒) **不**가 되고, **仒**를 (좌우로) 뒤집어서(反) **ㄢ**가 되고, **仈**를 뒤집어서(反) **冈**이 되는 등의 글자가 이것이다. **耄**는 毛와 匕[101]를 따른 것으로 모발이 흰색으로 변한 것으로 會意이다. **耆**는 老인데 老에서 **丂**소리를 생략한 것으로 어찌 전주라고 할 수 있겠는가? 이것은 許氏(許愼)의 오류인데 후인들이 서로 계승한 것일 뿐이다. 『六藝綱目』이란 책이 나오면서부터 千古의 오류를 一掃하였으니 배우는 사람들의 다행이다.

> ○ 北은 篆文에서는 **邜**로 쓰는데 두 사람이 서로 등을 돌리고 있는 모양이다. 北는 세상에서 北(土+匕)로 쓰는데 잘못이다.

① 帀, **暴**, 了, **ㅂ**는 상하로 뒤집은 轉注이다. 帀은 세상에서 匝으로 쓰는데 잘못이다. **暴**는 古와 堯의 반절이다. **ㅂ**는 옛날의 殄 자이다.

---

101) 匕가 아니고 化의 古字임.

帀은 풀뿌리가 빙 둘러 있는 것으로 㞢을 상하를 뒤집은 것이다. 𥄉는 머리를 베어 나무 위에 뒤집어 걸어 놓은 것이다. 𦣻(首의 古字)를 상하로 뒤집어 놓은 것이다. 了는 胚胎의 시작이다. 厶를 뒤집으면 또한 상형이며 빌려서 了는 訖(마칠 흘) 자가 된다. 𠤎는 人을 뒤집어 놓은 것이다. 厶는 私로 읽는다. 앞의 상형 편에 보인다.

② 尸, 匚, 𠂤(堆의 本字), 阜는 기울인 것으로 전주이다. 匚은 옛날의 方 자이다. 𠂤는 세상에서 堆(퇴)로 쓴다.

尸(尸의 篆文)는 仰卧(배와 가슴을 위로 하고 반듯이 누움)이다. 𠃌을 옆으로 기울인 것인데 세상에서 尸로 쓰는 것은 잘못이다. 匚은 네모반듯한 그릇으로 凵을 기울인 것이다. 阜는 土山[102]으로 篆文에서는 𨸏로 쓰는데 㠭을 기울여 놓은 모양이다. 隷書로는 阜로 쓰는데 왼쪽에 있는 것(좌부방)이 이것이고, 오른쪽에 있는 것은 邑자(우부방)이다. 𠂤은 篆文에서는 𠂤로 쓰는데 㠯을 기울인 것이다. 凵는 口와 犯의 반절인데 입을 벌린 모양이다. 㠯는 상형장에 보인다. 𠆢(人의 전문)는 篆書로서 人 자이다.

③ 司, 匕, 叵, 乏는 좌우로 뒤집은 전주이다. 匕는 化와 같다. 叵(파)는 普(pu)와 火(huo)의 반절이다. 乏는 세상에서 乏으로 쓴다.

司는 신하 노릇 하는 것으로 后를 좌우로 뒤집은 것으로, 임금은 남면하고 신하는 북면하여 섬긴다. 匕는 사람이 죽으면 변하는데 匕을 좌우로 뒤집어 놓은 것이다. 叵(叵, 불가할 파)는 不可의 뜻이다.

102) 나지막한 산.

𠬝(可의 전문)를 왼쪽으로 뒤집은 것이다. 𠁥은 화살을 감추는 도구이다. 𠁥를 좌우로 뒤집은 것으로 바로 화살을 받는 것(살 가림 乏)인데 뒤집어서 𠬝이 되고 빌려서 匱乏[103]으로 쓴다.

[부주] ヒ는 일설로는 신선으로 변화하여 가는 것이라고 한다. 그러므로 眞字[104]는 또한 ヒ를 좇아 仙人이 하늘로 올라가는 것이다. 후인이 또 人을 더하여 化와 같은 것으로 쓴다.

④ 𠨅(卯의 전문), 가와 같은 무리는 北[105]으로 전주이다. 𠨅는 세상에서 卯로 쓰는데 잘못이다. ⺿ 는 전서로 쓴 것이다. 北은 옛날의 背 자이다.

𠨅는 문을 연 것이다. 𨳇(門의 전문)을 좌우가 서로 등지게 뒤집은 모양으로 북쪽을 나타내므로 빌려서 寅[106]이 된다. 卯 자는 𠨅, 𠨍을 좌우로 뒤집은 모양으로 두 사람이 서로 등지는 모습(北)을 나타낸 것이다.

○ 옛날의 拱 자는 지금 예서로 廾라고 쓴다.

[부주] 𠨅는 지금 隸書로 夗, 卯로 쓰는데 모두 잘못이다. 卯는 본래 卿 字로서 서로 바라보며 制事[107]하는 모습이다. 𦥑은 지금 예서의 偏旁[108]으로 廾와 ハ 로 쓰는데 弈, 與와 같은 글자가 이것이다. 𠨍는 예서의 偏旁으로 또한 서로 비슷한 모양인데 樊, 攀과 같은 글자가 이것이다.

---

103) 궁핍함, 모자람.
104) 점획이 바른 글자, 楷書로 쓴 글자.
105) 좌우를 등지게 뒤집음.
106) 방위로는 동북 간.
107) 일을 바로잡음.
108) 한자의 왼쪽 부분인 변과 오른쪽 부분인 旁.

(5) 해성(諧聲)

(六書 중 다섯 번째인) 五書는 해성으로 남김없이 无窮하다. 오서는 뜻을 숭상하는데 해성은 소리를 숭상하여 일로서 이름으로 삼는다. 비슷한 것을 취하여 서로 이루어 먼저 字母[109]를 세움으로써 그 몸체를 정한 다음에 하나의 子를 붙임으로써 그 소리를 이루고 소리에 따라서 문자를 이룸으로 이루 다 들 수 없다.

① 江, 河의 따위는 왼쪽은 모양을 오른쪽은 소리를 나타낸다.
金은 銀·銅, 木은 松·栢, 火는 焜·煌, 土는 城·垣과 같은 것으로 똑같은 유형의 글자가 매우 많아 갖추어 적을 수가 없다. 배우는 자들은 마땅히 그 밖의 것들을 미루어 짐작해야 한다.

② 鳩, 鴿의 따위는 오른쪽이 모양이고 왼쪽이 소리를 나타낸다.
剜과 剔, 歡과 欣, 翱와 翔과 같은 따위가 이것이다.

③ 蘭, 蕙의 따위는 위는 모양을, 아래는 소리를 나타낸다.
景, 星, 罤, 罳, 宇, 宙, 笙, 竽과 같은 따위가 이것이다.

④ 婆, 娑의 따위는 위는 소리를, 아래는 모양을 나타낸다.
堂, 基, 聾, 瞽, 裒, 裳과 같은 따위가 이것이다.

---

109) 발음의 근본이 되는 글자, 음을 표시하는 글자.

⑤ 圍와 國의 따위는 밖은 모양을, 안은 소리를 나타낸다. 口(입구)를 좇아 음은 圍와 같다.

匡, 匪, 表, 裏, 街, 衢와 같은 따위가 이것이다.

⑥ 問과 聞의 따위는 안은 모양을, 밖은 소리를 나타낸다.

이런 무리는 더욱 많다.

○ 이상 여섯 무리는 모두 『주례』에 보이는데, 賈疏에 "書에는 六體가 있는데 形聲이 참으로 많다"라고 하였다.

이상 여섯 종류는 모두 諧聲이다.

① 釐, 嫠, 疑, 孳. 이와 같은 따위는 子母가 같은 소리이다. 釐와 嫠는 모두 里와 之의 반절이다.

釐와 嫠는 모두 𠩺(리)를 따른 것으로 釐는 복을 받는 것이며 또 禧와 같다. 『漢書』의 祝釐[110]가 이것이다. 陳나라와 楚나라의 사이를 雙産이라고 하는데 嫠는 또 寡婦이다. 疑는 (『說文』에서는) 子, 匕, 止, 矢를 좇은 것으로 모두 형성이다. 孳는 쉬지 않고 낳는 것이다. 𢻹는 許(xu)와 其(qi)의 반절로서 坼(갈라질 탁)이다.

[부주] 疑는 전서로 𠤕라고 쓰는데 迷惑을 느끼는 것으로 匕를 뒤집은 것을 따른 것이다. 徐鍇는 "止는 통하지 않음이다. 匕를 뒤집은 것은 幼子가 의심이 많은 것이다"라고 하였다.

○ 여기에는 잘못된 글자가 있다. 『설문』에는 "(疑는) 子 止 匕 矢(音)를 따른 것이다"라고 기술되어 있고, 서개는 "匕는 比를 뒤

110) 신에게 제사를 지내 복을 비는 의례, 불교의 齋나 도교의 醮祭가 여기에 해당함.

집은 것으로 유자가 의심이 많은 것이다"라고 하였으니 또한 會意이다.

② 仁, 主, 瞿, 筑. 이와 같은 무리는 母字[111])가 소리를 주장한다. 瞿는 음이 句이고, 筑(zhu)는 음이 竹(zhu)이다.

仁心(어진 마음)은 全德(온전한 덕)을 가진다. 人과 二를 따른 것으로, 二는 天과 地이다. 人과 天地는 같은 마음이다. 坒(主의 전문)는 丨(上下를 통함)과 등잔을 좇아 불이 타고 있는 모양(◑)을 주로 한 것으로, 아래는 등잔의 모양을 본뜬 것이다. 瞿는 師曠[112])의 『禽經』에 "雀以猜瞿視(참새는 의심하여 놀라서 눈을 휘둥그레 하고 본다.)"라고 하였다. 지금 참새가 머리를 숙이고 부리로 먹이를 쪼아먹으며 고개를 쳐들어 사방을 돌아보는 것이 이른바 瞿이다. 朋(目+目[구], 두 눈)와 隹(추,작은 새)를 따른 것으로 『說文』에서는 "鷹隼之視(매와 송골매의 시선.)"라고 했는데 잘못이다. 筑은 대나무로 다섯 줄로 만든 (거문고 비슷한) 악기로서 양손으로 부둥켜안은 것이다. 丨은 옛날의 主 자이며, 瞿는 음이 句이고, 廾은 음이 拱이다.

> **[부주]** 仁 字는 二를 따른 것으로 天과 地이다. 人이 天과 地에 참여하여 천지와 더불어 함께한다. 마음(心)은 仁이다. 亘(긍, 선), 五, 亞(人+口+又에 아래위를 二로 덮은 모양)는 모두 하늘과 땅인 것과 같다.

③ 廟, 祏, 祫, 禘, 婚, 娶, 賀, 禮. 이와 같은 무리는 소리가 뜻을 겸한 것이다. 祏은 음이 石이다.

廟는 先祖를 높이는 모습이다. 祏은 돌로써 종묘의 신주를 모시는

---

111) 반절의 둘째 글자.
112) 춘추시대 晉나라의 음악가.

것이다. 祫은 그 조상의 신주를 멀고 가까움을 가리지 않고 함께 모셔놓고 제사 지내는 것이다. 禘113)는 大祭이다.『周禮』・「春官」・大宗伯에 ("以肆獻祼 [중략] 享先王"條의 鄭玄 注에 '魯禮三年喪畢 而祫於太祖, 明年春禘於羣廟. 自爾以後 率五年 而再殷祭 一祫一禘'라는 기사가 있고, 賈公彦疏에) '三年一祫 五年一禘'라고 하였다. 婚은 이미 嘉禮 條에 보이는데 옛날에는 昏이라고 써서 부인을 취해 장가드는 것이다. 賀는 儀物을 보내어 서로 받들며 경사를 치하하는 것이다. 禮는 신을 섬기는 글자이다.

이상 세 종류도 또한 諧聲에 속한다.

(6) 가차(假借)

글자를 만드는 법은 사물의 모양을 본뜨는 것이 근본이다(象形). 모양을 본뜰 수 없는 것은 일(事)에 속한다(指事). 일로 가리킬 수 없는 것은 뜻에 附屬한다(會意). 뜻을 합할 수 없는 것은 그 注(註解)를 轉用한다(轉注). 注를 전용할 수 없는 것은 소리에 부속한다(諧聲). 소리에 이르러서는 이루지 않음이 없다. 이 다섯 가지로도 부족하므로 假借가 생긴 것이다. 그 例는 어떤 것인가? 다른 글자를 근본으로 하여 소리를 빌려 쓰는 것인데, 뜻이 있는 것도 있고 뜻이 없는 것도 있다.

蕭楚(1064-1130)114)는 "한 글자로써 그 소리를 전용하여 해독하

---

113) 제왕이 시조를 하늘에 配享하는 것.

114) 『춘추』에 정통함. 字는 子荊, 號는 三顧隱客.

는 것은 모두 의미가 있다. 길고 짧음(長短)의 長이 長幼[115]의 長으로 전용되는 것과 같은 것은 전주가 되는데 어떤 사람은 받아들이지만 나는 그렇지 않다고 생각한다. 그 견해를 따른다면 假借 한 조목은 쓸 데가 없다. (그렇다면) 六書는 마땅히 五書로 바꿔야 하지 않는가?"라고 하였다.

① 재물이 많은 것(多財)을 賢[116]이라 하며 賢良[117]도 된다. 먹고 남는 것을 넉넉함(饒)이라 하며 쓰고 남도록 풍족함(饒衍)이라고도 한다. 덩굴(蔓)은 본래 등나무(藤)에 속하지만 무성하게 퍼짐(滋蔓)도 된다. 果는 본래 나무 열매인데 果敢[118]도 된다. 戚은 본래 도끼인데 親戚도 된다. 純은 본래 실인데 純粹[119]도 된다.

賢은 臤(臣+又)을 좇아 소리가 되고 貝는 뜻이다. 饒는 食이 뜻이고 堯는 소리가 된다. 蔓은 ++ 가 뜻이고 曼은 소리이다. 果는 이미 形象 章에 보인다. 戚은 戊이 뜻이고 尗은 소리가 된다. 純은 絲가 모양이고 屯(zhūn, tún)이 소리가 된다. 『論語』의 "今也純儉"은 명주로써 면류관을 만든 것을 말한다. 臤과 賢은 같다. 尗(가지에 붙어 있는 콩의 상형)은 음이 叔이고 콩이다. 戊(yue)은 음이 曰(yue)이다.

[부주] 賢良의 賢은 본래 臤(臣+又)으로 썼는데 臣과 오른손을 따른 것이다. 신하가 힘을 다하여 천하를 輔佐하는 것이 이른바 현량으로 會意이다. 세상에서 쓰는 賢이란 글자는 곧 相承[120]한 잘못이지 차용한 것이 아니다. 滋蔓의 滋는 본래 玆로 썼는데 ++와 玆를 좇아 소리를 간략하게 한 것(省聲)으로 세상에서 滋로 쓰는 것

---

115) 어른과 어린이.
116) 재화가 많음, 넉넉함.
117) 어질고 착함.
118) 결단성이 있게 일을 함.
119) 잡것의 섞임이 없음.

은 잘못이다. 戉은 세상에서 鉞로 쓰는데 잘못이다. 鉞은 呼와 衛의 반절인데 (鉞
鉞은) 천자가 타는 수레의 방울 소리이다. 세상에서는 또 **鏏**(金+歲)라고 쓰는데
잘못이다. 오늘날의 詩에 또한 이 **鏏**자를 쓰는데 마땅히 바로잡아야 한다.

이상과 같은 것이 모두 같은 音으로 그 뜻을 빌려온 것이다.

② 業은 큰 널빤지(大版)이면서 사업도 된다. 須는 頿髥(자염)[121]
이면서 모름지기 할 바도 된다. 養育[122]을 字(기를 자)라고 하는데
文字도 된다. 蟹醢(해해)[123]를 胥(서)[124]라고 하는데 相胥[125]도 된다.

입 위(코 밑)에 있는 것을 頿(자)라고 하고, 턱밑의 수염을 須라
하며, 뺨에 있는 것을 髥(염, 髥)이라고 한다. 지금 頿髥(자염)을 須
라 하는데 총칭한 것이다. 胥(xū)는 게젓인데, 肉을 따르고 疋(xū)[126]
가 소리이며, 그 살과 다리 끝의 발을 쪼개어 나눈 것을 말한다. 『周
禮』・「天官」・庖人의 注에 '靑州之蟹胥'라는 기록이 있다. 疋(xu)는
新(xin)과 於(yu)의 반절이다. 疏는 이것을 따른 것이다.

[부주] 業은 牆版을 쌓는 것이다. 木을 따라 줄이고 丵은 소리이다. 아래에 거하였다가
다시 위에 있다가 순환하기를 그치지 않으므로 이로 말미암아 産業과 大業이라는
글자로 빌려 쓴다. 또 종과 북 등의 악기를 다는 큰 널빤지를 業이라고 한다. 용
의 머리에 목이 길고 옥을 머금으며 또 길게 드리운 旄牛의 꼬리를 장식한 암컷
이 牝(암컷 빈) 자이다. 문자가 늘어남은 마치 암컷이 번식하여 무궁한 것과 같
다. 育은 亠(아기 태어날 돌)을 따르며, 돌은 그 뼈의 모두가 순조롭지 않게 태

---

120) 서로 계승함.
121) 윗수염과 구레나룻.
122) 길러 자라게 함.
123) 게 젓갈.
124) 게장, 게젓.
125) 서로 도움.
126) 다리 끝의 발.

어난 자식이다. 肉은 소리이며 순조롭지 않게 태어난 자식을 가르치고 길러서 성인이 되기를 바라는 것이다. 棄 자는 옆에 버리는 것으로 糞土[127)와 같다. 顧은 음이 慳(산, qiān)이다.

이와 같은 글자(①, ②)는 모두 그 같은 음을 빌려서 각각 그 뜻을 나타낸 것이다.

③ 惡(악)이면서 惡(오)도 되며, 封이면서 封(폄)도 된다. 俟(사, 기다리다)는 佚宕(일탕)[128)이 되기도 하며, 伯은 伯王[129)이 되기도 한다. 輅(아, ya)[130)는 輅(로)[131)에 근원하고, 推(퇴)는 推(추)에 근원을 둔다. 아래의 惡는 烏와 路의 반절이다. 아래의 封은 음이 窆이다. 佚宕(일탕)은 徒와 結, 徒와 浪의 반절이다. 伯王은 음이 覇旺이다. 위의 輅는 음이 迓(아, yà)이고 위의 推(퇴)는 음이 土와 雷의 반절이다.

성품이 악하므로 미워(憎惡)할 수 있고, 흙더미를 쌓음(封)으로 인하여 窆棺(폄관)[132)의 窆(폄)[133)이 된다. 佚(편안할 일, 흐릴 질)은 縱(방종할 종)이다. 放縱으로 말미암아 佚宕하게 된다. 『漢書』「揚雄傳」에 '跌蕩(放縱함, 아무 거리낌 없이 자기 마음대로 함)'이라는 기록이 있는데, 蕩(dàng)은 음이 讜(dǎng)이고 張[134)이다, 竷은 음이

---

127) 더러운 흙.
128) 佚蕩, 질탕.
129) 패왕.
130) 맞이하다.
131) 수레.
132) 관을 묻음.
133) 구덩이, 하관하다.
134) 어그러지다.

鋊이고 儳이다. 伯은 우두머리(首長)이다. 文王은 西方의 우두머리이기 때문에 西伯이라고 한다. 伯(ba)은 把(bǎ, 잡다)인데, 權柄을 把持135)하는 것이다. 輅는 수레(車)인데 迎迓의 迓(마중하다)도 된다. 推敲의 推는 본래 推究의 推이다.

이와 같은 것(③)은 모두 뜻으로 말미암아 음을 따른 것이다.

④ 難136)은 본래 새이다. 빌려서 艱難(간난)137)으로 삼았기 때문에 艱難은 또 險難도 된다.

爲는 본래 어미 원숭이인데 빌려서 作爲로 삼았고 그 작위함으로 말미암아 또한 相爲도 된다.

享과 饗은 같은데 빌려서 享飪으로 쓰고 또 吉享138)도 된다. 세상에서는 享, 烹, 亨으로도 쓴다.

質(지)와 贄(지)는 같은데 빌려서 交質139)로 쓰고 그 교질로 말미암아 또 形質도 된다.

어미 원숭이는 篆文으로 🐒로 쓰는데, 아랫배를 손톱으로 할퀴기를 좋아하는 원숭이 모양을 본뜬 것이다. 徐鉉은 "好爪는 손톱 쓰기를 좋아하는 것이다"라고 하였다. 質의 위 斦(斤+斤)는 소리를, 아래 貝는 뜻을 나타낸다. 贄는 執을 따르고 뜻은 質과 같다. 鄭玄은 "贄라는 말은 至인데 (폐백을) 스스로 보내는 것이다"라고 하였다. 『周

---

135) 손에 꼭 쥐고 놓지 않는 것.
136) 隹는 새를 본뜬 것으로, 재앙을 만나 빌 때 새를 희생으로 바치는 모양.
137) 고생.
138) 길하여 사물이 잘 형통함.
139) 폐백을 교환함.

禮』·「춘관」·대종백에는 "鳥獸(禽)로 六摯(육지)[140]를 세움으로써 여러 신하를 구분한다. 왕후에게는 皮帛[141]을 올리고, 卿[142]에게는 羔(고)[143]를, 大夫에게는 기러기를 士에게는 꿩을, 庶人에게는 집오리(鶩)를, 工商[144]에게는 닭을 폐백으로 한다"라고 하였다. 『左傳』에는 "남자의 폐백으로는 큰 것은 玉帛이고 작은 것은 禽鳥이며, 여자의 폐백으로는 榛栗[145]과 束脩[146]이다"라고 하였다. 交質(교질)은 물품으로 서로 예물을 주고받는 것으로, 周나라와 鄭나라가 서로 주고받는 것이 이것이며 또한 摯(지)[147]라고도 쓴다. 『史記』에는 執으로 썼는데 모두 음은 至(zhì)이다. 형질의 質(zhì)자는 卽(jí)과 日(rì)의 반절이다.

　　○ 䘚(斤+斤)은 語(yǔ)와 斤(jīn)의 반절이며 두 斤이다.

[부주] 亨은 𩵋으로 쓴다. 𦣞을 따라 盛品을 進獻함을 나타낸다. 안에 있는 모양은 亯(享)을 따르고 생략한 會意이다. 또 亨(삶을 팽)을 빌려서 飪(익힐 임) 자로 이어 받아 쓰고, 또 빌려서 亨通[148]이란 글자로 쓴다. 소전으로는 🅑으로 쓰고, 예서로는 亨으로 쓴다. 세상에서는 또 (亨의 마지막 획) 一을 빼고 火(灬)를 더하여 두 글자(享과 烹)를 구별하여 빌려 쓰기도 한다. 爪는 손바닥을 엎어서 물건을 집는 모양이지 叉甲의 叉(두 손의 손가락을 서로 어긋매끼게 낌) 자를 가리키는 것이 아니다. 榛은 본래 㮃(辛+木)으로 쓰는데 小栗(작은 밤나무)이다. 木을 따르고 辛은 소리(xin)를 나타낸다. 만약 榛 자를 쓴다면 나무가 무더기로 더부룩하게 난

---

140) 신하가 임금을 알현하거나 신하들이 서로 볼 때 가지고 드리는 폐백.
141) 가죽과 비단.
142) 제후의 상대부.
143) 새끼 양.
144) 장인과 상인.
145) 개암나무와 밤나무.
146) 묶은 포육.
147) 폐백.
148) 모든 일이 뜻과 같이 잘됨.

것인데 옳지 않다.

이상과 같은 것들(④)은 모두 빌린 것을 또 빌린 것이다.

⑤ 형상이 있으면 그 글자가 있고, 形[149])이 없어도 본뜰(象) 수는
있지만, 그 글자는 없다. 그러므로 語詞와 虛言으로써 본뜨기가 어
려우므로 모두 假借를 따른다.

之, 也, 於, 焉은 모두 이런 무리(종류)이다.

之는 본래 𡳿(之의 전문. 屮과 一: 초목의 싹과 땅)로 썼는데 一은
땅을 따른 것이다. 屮을 겹쳐 艸라고 본뜬 것은 땅에서 싹이 나온 형
상이다. 한편으로는 神草[150])라고도 하는데 억지로 뜻을 빌린 것이
며, 後人이 (之에) 艸를 보태어 芝라고 한 것이다. 옛날의 匜(이, 匚+
也) 자는 象形으로 빌려서 羊으로 간주하였는데[151]) 후인이 匚을 보
태어 匜라고 씀으로써 구별하였다. 於는 지금 다만 歎辭나 어조사로
쓰일 뿐 烏나 鳥로 쓸 수가 없다. 焉은 새 이름이다. 『禽經』에 "黃鳥
를 焉이라고 한다. 於와 虔의 반절인데 빌려서 尤와 虔의 반절도 된
다"라고 하였다.

○ 屮은 옛날 艸인데 尺과 列의 반절이다.

乎, 兮, 丂, 乃는 모두 語氣詞이다.

이 네 글자는 모두 氣(숨)가 나오는 모양을 본뜬 것으로 이미 象
形장에 보인다.

---

149) 꼴, 모양.

150) 신령한 풀.

151) 【역주】 也의 篆文이 羊의 모습과 흡사함.

얼굴 양옆 뺨의 털(수염)을 而152)라고 한다. 大腹153)을 奕154)라고 한다. 풀로 엮은 거적(苫)을 蓋155)라고 한다. 불에 익힌 것을 然156)이라고 한다.

이상의 것들(⑤)은 모두 語詞(말)를 빌린 것이다.

❻-(1) 오음(五音)에서 빌려온 것. 궁(宮)은 중앙이다. 중앙에 자리를 잡고 사방을 창달하여 처음으로 앞장서서 주장하고 생육시킴으로써 사성(四聲)의 근본이 된다. 상(商)은 상(傷)이다. 그 음이 가장 (강하고) 맑으며 그 기세는 힘이 있어 사물을 시들어 없어지게 한다. 각(角)은 촉(觸)157)이다.158) 초목이 흙에서 나와 가시를 머리 위에 이는 것이 角이다. 徵(zhi)는 본래 징험(徵驗)이란 뜻인데 따로 하나의 의미를 나타내어 만물이 크게 번성하며 복이 많음을 뜻한다. 우(羽)는 짐승의 털과 새의 깃인데 뜻을 빌려서 사물을 간직한다는 聚159)로 삼는다.160) 먼저 徵는 음이 止(zhi)이고, 아래는 음이 征(zheng)이다. 鎌(每+系:말갈기 꾸미개 반)과 繁은 같은 글자이고, 袛(zhi)는 음이

---

152) 【역주】전문이 수염을 본뜬 글자로 수염의 뜻도 된다. 그러나 그 의미로는 거의 쓰이지 않는다. 가차하여 而로 쓴다.

153) 큰 배.

154) 【역주】가차하여 반어사, 의문사로 쓴다.

155) 【역주】풀을 엮어서 만든 덮개라는 뜻인데 가차하여 발어사로 쓴다.

156) 【역주】재물로 개를 불로 굽는 것인데 가차하여 어조사 연으로 쓴다.

157) 접촉함, 닿다.

158) "物觸地而出, 戴芒角也"『漢書』.

159) 모이다.

160) "羽 聚也".『廣韻』.

恥(chǐ)이다.

⑥-(2) 천간(天干)에서 빌려온 것. 초목이 생겨나서 땅을 머리에 이고 나오는 것이 甲이 된다. 을(乙)은 본래 물고기의 창자이며, 병(丙)은 곧 물고기의 꼬리이고, 정(丁)은 벌과 전갈이며, 무(戊)는 본래 모(矛)¹⁶¹⁾이다. 기(己)는 본래 요(厶)라고 썼으며 사람이 무릎을 꿇고 자리에 앉은 모양을 나타낸다. 경(庚)은 본래 𩇫(경의 전문)라고 썼으며 종을 치는 절굿공이이며 두 손으로 방패를 잡는 모양이다. 허물을 입어 고생하는 것이 신(辛)이다. 임(壬)은 물건을 메는 것이다. 또는 꾸러미를 짊어지는 것이다. 계(癸)는 본래 𤴦(癸의 전문)라고 썼다. 두 개의 나무를 교차시켜서 터전을 헤아려서 그 평정(平正)을 취하여 지붕을 얽어 만드는 것이다.

천간(天干)의 간(干)은 간(幹)과 같다. 채(薑, chài)는 축(丑, chǒu)과 개(介, jiè)의 반절이다. 슬(膝, xī)는 실(悉, xī)와 칠(七, qī)의 반절로서 칠(桼, qī, qie)의 소리와, 卪(절, 사람이 무릎을 꿇은 모양)의 모양을 따른 것이다. 임(壬)은 任과 妊으로 쓰는데 모두 잘못이다. 담(儋, dàn)은 도(都, dōu)와 감(甘, gān)의 반절이며 또 去聲으로서 세상에서 담(擔)으로도 쓴다. 회(褱, huái)는 음이 회(懷)이다.

⑥-(3) 地支에서 빌려온 것. 子는 자(孳)¹⁶²⁾이다. 낳고 불어나 그치지 않는 것이다. 丑은 손(가락)으로 물건을 쥐고 있는 모양을 본뜬 글자이다. 인(寅)은 脊呂(척려)¹⁶³⁾이다. 진(辰)이란 斥(厂+干)인데,

---

161) 자루가 긴 창.
162) 낳다, 불어나다.

交會164)하는 모양을 본뜬 것이다. 未와 味는 같은 것으로 나무가 우거진 것이다. 申은 본래 **申**(申 전문)으로 썼는데 양손을 구부렸다가 펴게 하는 것이다. 戌은 멸(滅)이란 뜻으로 진실로 가엽게 여기는 것이다. **丣**와 **丣**는 모두 두 지게문으로 해가 뜨고 지는 모양으로 곧 열고 닫는 것이다. 巳, 午, 亥는 상형(象形)장에 보인다.

　丑은 **又**을 좇아 손이며 ㅣ을 좇아 물건이다(손으로 물건을 쥐고 있는 모양). **斤**(厂+干)은 음이 岸이다. **丣**와 **丣**는 세상에서 卯와 酉로 쓰는데 잘못이다. 卯와 卿은 같고, 酉와 酒는 같다.

　⑥-**(4)** 『詩經』의 풍(風), 아(雅) 송(頌) 세 가지는 모두 소리이다. 소리는 본뜰 수 없으므로 뜻은 다르지만, 음이 같은 글자를 빌려 쓴다.

　풍(風)에는 八風165)이 있는데 王者(왕자)가 백성을 교화하는 노래이다. 雅는 곧 鴉 자인데 오늘날은 雅가 정자(正字)166)가 되었다. 송(頌)은 곧 안(顔)인데 오늘날 빌려서 '성덕을 일컬어 기린다(稱頌)'라는 의미로 쓴다. 『시경』의 大序에 "頌은 盛德을 기리는 모양이다(頌者 美盛德之形容 以其成功 告於神明者也)"라고 하였다.

　이상 네 종류(⑥-(1), (2), (3), (4))는 어떤 것은 소리로 말미암고, 어떤 것은 뜻으로 말미암은 것인데 모두 가차이다.

---

163) 등골의 뼈, 脊骨.

164) 서로 사귐, 서로 만나는 곳.

165) 팔방에서 불어오는 바람, 동북 염풍(炎風)・동방 조풍(條風)・동남 혜풍(惠風)・남방 거풍(巨風)・서남 양풍(涼風)・서방 유풍(飂風)・서북 여풍(麗豊).

166) 바른 글자, 원 글자.

⑦- **(1)** 咎(허물 구)로써 咎(성 고)로 간주한다.

위는 같은 글자이고, 아래는 음이 高(gāo)이며 咎(고)는 (皐)陶 자이다.

⑦- **(2)** 覃(미칠, 벋을 담)으로써 覃(날설 염)이라고 간주한다.

아래 글자는 以(yi)와 冉(ran)의 반절(yan)이며 날카롭다(利)는 뜻이다. 『詩經』·「小雅」·'大田'에 '以我覃耜(날카로운 내 보습으로써)'라고 하였다.

⑦- **(3)** 羹(국 갱, gēng)으로써 羹(땅이름 랑, lang)이라고 간주한다.

『漢書』·「地理志」에 "定陵은 不羹(불랑)[167]의 동쪽에 있다"라는 기록이 있는데, 顔師古는 『한서』를 註 하면서 음이 郎(láng)이라고 하고, 附注에서 또 『左傳』·昭公 11년 12월조에 보이는 기록[168]도 같은 음이라고 하였다.

⑦- **(4)** 歜(화낼 촉, chù)으로써 歜(김치 잠, zan)으로 간주한다. 위 글자는 昌(chang)과 欲(yu)의 반절로서 몹시 성냄이라는 뜻이다. 아래 글자는 徂와 感의 반절로서 菖蒲라는 뜻이다.

羹은 羔와 美의 會意 문자이다. 지금 예서에서는 歜을 간략히 하여 欠[169]의 어기를 따른다.

---

167) 춘추시대 초나라의 지명.

168) "楚子城陳 蔡不羹".

169) 저절로 입이 벌어지면서 나오는 호흡.

이상 네 가지는 方言을 빌린 것이다.

⑧- (1) 衿이 袊도 된다. 위의 글자는 음이 수(jin)이고 옷깃이라는 뜻이다. 아래는 其(ai, ji)와 浸(jin)의 반절로서 매다(結)의 뜻이다. 『禮記』에 "袊纓綦屨"라고 하였다.

> **[부주]** 袊은 본래 **𥘽**(衤+金)로 썼는데 엇걸려 매는 것이다. 세상에서 袊을 襟으로도 쓴다. 『詩經』에 "靑靑子衿"이라 했고, 또 『禮記』에 "衿鞶衿縭"이라 했으니 마땅히 衿이라고 써야 하며 衣糸이다. 음은 今이며 衿, 襟 자와 같지 않다. 袊은 또 叶韻으로 巨(ju)와 禁(jin)의 반절이다. 『禮記』의 '絞紟'은 『左傳』의 '衿甲面縛'과 같이 또한 마땅히 袊이라고 써야 한다. 이는 곧 새기고 베끼는 과정의 오류일 뿐이니 마땅히 바로잡아야 한다.

⑧- (2) 陶가 陶도 된다.

위의 陶(tao)는 治 자이며 또 姓이기도 하다. 아래는 皐陶(고요, gao yao)로 사람 이름(순임금의 신하)이다.

> **[부주]** 陶는 본래 丘(언덕)로 지명이다. 阜(언덕 부)를 따르고 匋는 소리이다. 또 姓으로는 세상에서 陶冶 자로 쓰는데 잘못이다. 陶冶는 본래 匋로 쓰는데 缶(장군 부)를 따르고 勹는 또한 소리이다. 또 빌려 導로 읽는다. 『시경』에 "駟介陶陶"라고 하였다.

⑧- (3) 褎(소매 수, xiù)가 褎(옷 잘 입을 유, you)도 된다.

위의 글자는 袖(소매, xiu)와 같고, 아래 글자는 余(yu)와 救(jiu)의 반절로서 옷을 잘 입은 모양이다. 또 일설에는 많이 웃는 모양으로 『詩經』에 "(叔兮伯兮) 褎如充耳"라는 기록이 있다.

⑧- (4) 鷂(새매 요, yao)는 鷂도 된다.

위의 글자는 弋(yi)와 笑(xiao)의 반절로 골(鶻)[170]이란 뜻이고, 아래 것은 음이 鷂(익더귀 요, 새매의 암컷)로 까치 이름이다.

이상의 것들은 두 음이 모두 뜻이 있는 것이다.

鄭氏의 『六書略』에서는 또한 형상을 본으로 삼아 指事와 會意가 생겨났고, 諧聲을 함께 본으로 삼아 歸本이 생겨났고, 轉註를 본으로 삼아 假借가 생겨났으며, 의탁하여 생겨난 것도 있는데 側生[171]으로는 文·爻·轟·彭 등과 같은 것이고, 兼生[172]으로는 齒·須와 같은 것이고, 變生[173]으로는 諦·祫과 같은 것이고, 續生[174]으로는 祝·祭와 같은 것이 있다고 하였다. 선유들은 일찍이 이러한 학설이 있는 것을 알지 못하였는데 漁仲[175]은 어디에 근본을 두고 말한 것인가? 또 衿·陶·褺·鷂의 네 글자로써 雙音並義[176]로 삼고 가차로 삼지 않는 것을 反生[177]이라고 하였는데 이는 모두 내가 깨닫지 못하는 것이니 식견이 있는 사람이 살필 것이다.

夾漈(鄭樵의 호, 1104-1162)의 『六書偏旁側論』에 "六書는 一에서 비롯하여 글자를 이루었다. 가로 눕히면 一이 되고 세우면 丨이 되며 기울이면 丿(bie)匹(bi)과 滅(mie)의 반절이 된다. 丿을 뒤집으면 乀

---

170) 산비둘기, 송골매.
171) 옆에 붙여서 생긴 것.
172) 포개어 생긴 것.
173) 변하여 새로 생긴 것.
174) 잇따라 생긴 것.
175) 협제 정초의 字.
176) 두 음으로 뜻을 아우름.
177) 音韻이 展轉하여 통용되어 생긴 것.

(fu) 分(fen)과 勿(wu)의 반절이 된다. ㇏을 一(직선)으로 꺾으면 면 ㇀음은 及(ji) 이 되며 ㄱ을 (좌우로) 뒤집으면 厂 (han)呼(hu)와 루(han)의 반절이 된다. 厂을 (상하로) 뒤집으면 ㄴ 隱(yin) 이 되며 ㄴ을 (좌우로) 뒤집으면 ㄴ(jue)居(ju)와 月(yue)의 반절, 亻은 이것을 따른다이 된다. ㄴ을 똑바로 세워서 ㄱ이 된 것이 側이다. 側[178)이 있으면 正(바름)이 있고 바른 것을 꺾으면 入丷 자이고 또 음은 帝, ㄨ이 된다. 入을 (상하로) 뒤집으면 V側(ce)와 加(jia)의 반절이 된다. V를 왼쪽으로 기울이면 <畎(quan)이 된다. <을 (오른쪽으로) 뒤집으면 >泉(quan) 이 된다. >을 一 자로 펴서 좌우로 두 번 꺾으면 ⼍음은 覓(mi)이 되고, ⼍을 상하로 뒤집으면 凵口(kou)와 犯(fan)의 반절이된다. 凵을 기울이면 匸음은 方(fang)이 되며 이것을 (다시 왼쪽으로) 뒤집으면 ⼕음은 播(bo)가 된다. ⼕을 一 자로 늘려 꺾어서 네모모양으로 둘러 합치면 囗음은 圍(wei)가 된다. 모가 없고 둥글 것은○(곧 星 자이다)이 된다. ○은 고리 모양으로 둘러서 다른 형세가 없는 一[179)의 도를 다한 것이다. ㇐음은 zhu와 一이 하나로 짝을 지으면 무엇을 생기게 할 수 있지만 ㇐主 자 위의 ㇐를 좇아 諧聲이다(혼자로)는 무엇을 生할 수 없어 이리저리 굽을 수도 없고 또 끌어당길수도 없다. 끌어당길 수 있으면 ㅣ이 된다. 그리하여 ㇐와 一 하나로짝을 지으면 무엇을 생기게 할 수 있지만 ㇐만으로는 천지의 도와陰陽의 이치를 이룰 수가 없다. 篆字는 두루 통하지만(通) 隸字는 치우친다(僻). 그러므로 左는 있지만, 右가 없고, 阜 오늘날의 偏旁에서는 ß라고 쓴다는 있지만, **障** ß+阜, 徒(tu)와 罪(zui)의 반절이다는 없다.

---

178) 한쪽으로 기움.
179) 하나, 시작, 처음 등.

전서에서 좌에서 右로 향하면 좌 ㄱ가 되고, 우에서 좌로 향하면 右 ㅅ가 되는데 한쪽으로 향하면 卓가 되고, 서로 마주 향하면 𦥑扶(fu)와 救(jiu)의 반절로서 두 卓의 사이가 된다. 篆字는 밝고(明) 隸字는 어둡다(晦). 그러므로 王은 있지만 王은 없으며 朱(朱의 전자)는 있지만 朱는 없다. 전서에서 가운데 一 획이 위에 가까우면 王이 되고, 가운데 一 획이 가운데에 있으면 王이 된다. 가운데의 一 획이 (가로로) 곧으면 未(未의 전문)가 되고, 곧지 않으면 朱(朱의 전자)가 된다. 篆字는 巧하고 隸字는 拙하다. 그러므로 ⊓은 있어도 ⼮음은 坰,jiong은 없으며, 上은 있어도 ⊥는 없고, 下는 있어도 ⊤는 없다. 전자에서는 ⊥⊤라고 쓴다. 또 王 자 위에 ㇏를 더하면 主가 되고, 一 자 위에 ㇏를 더하면 宀이 된다. 전자는 縱하고 예자는 拘하다. 그러므로 刀는 있어도 ㄷ(刀의 전자를 좌우로 뒤집은 글자)는 없으며, 禾는 있어도 朱(禾의 전자를 좌우로 뒤집은 글자 음은 稽)는 없다. 전자에서 모양이 왼쪽으로 향하면 刀가 되고, 오른쪽으로 향하면 ㄷ가 되며, 머리가 왼쪽으로 향하면 禾가 되고 오른쪽으로 향하면 朱이 된다. 그러하니 전자가 예자에 대해서는 점이 거북에 대한 것과 같다. ㅣ은 음이 袞(gun)이며 執(zhi)은 음이 勢(shi)이다. ○ 이 부분(篆通而隸僻 이하)의 原文(필사본)은 자못 參錯(서로 엇갈리어 섞임)이 많아 『육서략』에 따라 校正하였다.[180]

夾漈는 이름은 樵이고 字는 漁仲이며 蒲田 사람이다.

　[부주] ㇏는 옛날의 主 자이다. 나는 ㇏는 곧 성인이 글자를 만드는 처음의 붓의 자취라고 생각한다. 곧 主意[181]가 아직 변화하지 않은 것을 말한다. 이 태극은 元氣가

---

180) 이 부분의 목판본은 전문이 부정확하여 필사본을 따랐다.

존재하는 生生의 道이다. 만약 이것을 늘이면 ㅣ이 되는데 ㅣ은 위아래로 통하는 것이다. 천지가 이미 통하면 음양이 하나로 된다. (丶를) 옆으로 늘이면 ─이 되는데 ─은 만물이 처음 생겨나는 數이다. ─을 변화시키면 ／이 되고, ／을 뒤집으면 ＼이 되며, ─을 꺾으면 ㄱ이 된다. 이로부터 견주어 즐거이 나서서 글자를 변화시켜 ○가 되기에 이르렀다. ○는 곧 태극의 混元과 周環하는 상징이다. 그 사이의 변화는 靈妙하고 無窮하니 어찌 능히 (만물이) 生하지 않을 수 있겠는가? 뜻밖에 만물이 바로 丶를 주장 삼아서 생겨난 것은 또한 (丶가) 과실의 씨와 곡식의 씨와 같음을 의미한다. 성인이 글자를 만들고 천지를 이룸은 두루 공경하지 않을 수 없도다. 대저 丶는 움직이지 아니함이요, 글자의 시작이요, 本體이다. ㅣ은 움직임이요, 글자의 변화이며 作用이다. ─은 ㅣ이 기울지 않게 변한 것으로 數의 시작이며 化(變化, 變異, 變轉)이다. 그러므로 體가 있으며 用이 있고, 動靜과 變化의 이치가 있으며, 만물과 더불어 生生하는 이치와 같은 것이다.

---

181) 중요한 뜻.

六. 구수(九數) 周禮 保氏 注에 보인다.

周脾[1]家의 학설은 周公이 商高[2]에게 "大夫가 산법을 잘한다고 들었는데 산법은 어디에서 온 것입니까?"라고 물었는데 상고가 "산술의 법은 圓方(하늘과 땅)에서 나왔고, 方(땅)은 矩(구)[3]에서 나왔습니다"라고 답하였다. 주공이 다시 "矩[4]의 사용 방법을 알고자 합니다"라고 묻자 "곱자를 평평하게 하여 먹줄을 바르게 하고, 곡척을 눕혀 높은 곳을 보고, 곱자를 뒤집어서 깊이를 헤아리고, 곱자를 엎어서 먼 곳을 알며, 곱자를 둥글게 하면 圓이 되고, 곱자를 합하면 方이 됩니다"라고 답하였다.

산법에는 아홉 조목이 있는데, 고대의 이루어진 제도이며 황제의 신하인 隸首[5]가 만든 것이다.

산법에 아홉 조목이 있다는 것은 아랫글의 이른바 方田으로부터 句股가 이것이다.

---

1) 주비. 고대 算術의 하나. 고대 천문가에는 周脾, 宣夜, 渾天의 三家가 있었는데, 주비가의 설에 의하면 하늘은 동이를 엎어 놓은 것처럼 중앙이 높고 네 가장자리가 처져 있다고 주장한다. 이것을 蓋天說이라고 한다.
2) 주대의 대부, 수학자. 黃帝의 蓋天術을 전하였으며 주공과 數理를 문답한 중국 最古의 수학책인 『周脾算經』을 지었다.
3) 폭과 길이를 재는 곱자.
4) 곱자, 曲尺.
5) 황제 시대에 처음으로 算數를 정하여 도량형을 이루었다.

(1) 방전(方田)[6]

밭(田地)의 경계와 넓이는 이것으로 다스린다. 가로와 세로의 步數로써 方田과 斜田,[7] 圭田[8])의 넓이를 구하고, 周徑[9])의 步數로써 圓田(○)[10])과 畹田(◠),[11] 環田(◎)[12])의 넓이를 구하고, 弦과 矢의 보수로써 弧田[13])의 넓이를 구한다. 方田이란 가로 세로의 步數가 반드시 같게 하는 것을 말한다. 或은 본래 域 字이다. 口를 좇아 疆界(강계)[14])라는 뜻이다. 一은 땅이며 戈는 지킨다는 뜻이다. 從은 將과 容의 반절이며 畹(wan)은 음이 完(wan)이다.

방전법은 밭을 반드시 직각형의 모양을 만든 후에 셈할 수 있다. 만약 一步는 사면 모두 6척(六尺爲步)인데 한 면이라도 같지 않으면 一步가 될 수 없다. 田은 밭의 모양을 이른다. 방전이란 계산법을 따라 방전의 모양이 같지 않아 직사각형, 직각삼각형, 삼각형, 원형, 반원형, 도넛형 등이 모두 방전[15])이라고 한다.

□는 方田形, ⊿는 斜田形, △은 圭田形이다. 위의 방전·사전·규전은 모두 가로와 세로를 헤아려, 방전의 계산법에 따라 가로와 세

---

6) 밭의 측량.
7) 직각사각형의 밭.
8) 이등변 삼각형의 밭.
9) 원의 둘레와 지름.
10) 원형의 밭.
11) 반원형의 밭.
12) 도넛형의 밭.
13) 활모양의 밭.
14) 경계.
15) 밭의 모양.

로를 서로 곱한 것이 實이 된다. 만약 6척 사방이 步이면 100步가 畝이다. 이와 같은 것이 直田과 里田이고, 위의 계산법과 같다. 만약 밭의 가로와 세로가 각각 12보라면 넓이는 144제곱步가 되는데 가로와 세로의 보수가 같지 않으면 直田이라고 바꾸어 부른다. 가로 12보, 세로 14보면 밭의 넓이는 168제곱步가 된다. 가로와 세로가 里(300步)로 헤아린다면 里田이라고 고쳐 부른다. 가로 2리, 세로 3리면 밭의 넓이는 22頃 50畝[16)가 된다. 斜田의 계산법은 두 가로(변)를 더하여 반으로 나누어 세로를 곱하거나, 두 가로(변)를 더하여 세로의 반을 곱한다. 이는 箕田[17)과 같고. 위의 계산법에 따른다. 만약 밭의 위 가로는 30보이고, 아래 가로는 42보이며, 세로(=높이)가 64보라면 밭의 면적은 9畝 144제곱步이다.[18)

두 가로(변)의 보수가 같지 않고 두 세로(높이)가 모두 빗변이면 箕田이라고 고쳐 부르는데, 또는 梯田[19)이라고도 한다. 위의 변이 20보, 아래 변이 5보, 가운데 곧바른 높이가 30보면 밭의 면적은 1무 135제곱보가 된다.[20)

圭田(이등변 삼각형 밭)의 계산법은 밑변의 반을 높이에 곱하거나, 높이의 반을 밑변에 곱한다. 만약 밭의 밑변이 12보이고 높이가 21보면 밭의 면적은 126제곱보가 된다.[21)

○ 圓田形, ⌒ 畹田形(半圓), ◎ 環田形: 위의 畹田, 圓田, 環田은

---

16) 1頃은 100畝, 1畝는 100步.

17) 등변사다리꼴 밭.

18) 【역주】다음과 같은 식으로 정리할 수 있다. (30+42)×64×1/2=2304제곱步=9무 144제곱보.

19) 등변사다리꼴 밭.

20) 【역주】다음과 같은 식으로 정리할 수 있다. (20+5)×30×1/2=375제곱보=1무 135제곱보.

모두 원의 지름으로 구한다. 圓田의 계산법은 둘레의 반과 지름의 반을 곱하거나, 둘레의 반을 제곱하고 3으로 나누거나, 둘레를 제곱하고 12로 나누거나, 또는 지름을 제곱하고 3을 곱하고 4로 나누거나, 둘레를 제곱하고 4로 나누거나, 반지름을 제곱하고 3을 곱한다. 만약 圓田의 둘레가 181보이고 지름이 60보 1/3이면 밭의 면적은 11무 90보와 1/12제곱보가 된다. 畹田[22]은 마치 땅 위에 반 彈丸을 엎어 놓아 가운데가 높은 모양이다. 계산법은 둘레와 지름을 제곱하고 4로 나눈다. 만약 畹田이 아래 둘레가 99보이고 지름이 51보이면 밭의 면적은 5무 62보와 1/4제곱보이다. 環田은 모양이 마치 還玉[23]과 같아 圓田이 있고 그 가운데에 원 모양의 연못이 있는 형태이다. 계산법은 가운데 둘레와 바깥 둘레를 합하여 반으로 나눈 다음, 둘 사이의 간격을 곱하거나, 바깥 둘레를 제곱에서 가운데 둘레의 제곱을 빼고 나머지를 12로 나누거나, 또는 바깥 둘레와 그 지름의 제곱을 4로 나눈다. 만약 圓田의 가운데 둘레가 92보이고 바깥 둘레가 122보이며, 큰 둘레의 지름이 40보 4척인데 바깥 원의 지름이 5보이고 안쪽의 지름이 35보 4척이면, 밭의 면적은 2무 55제곱보이다.[24]

畹田은 弧田으로 弧와 矢로 구한다. 弧와 矢의 곱과 矢의 제곱을 더하여 2로 나누거나, 호와 시를 더해서 시를 곱하고 반으로 나눈다. 만약 호전의 현이 30보이고 示가 15보이면 밭의 면적은 1무 97과

---

21) 【역주】 다음과 같은 식으로 정리할 수 있다. $12 \times 21 \times \frac{1}{2} = 126$.

22) 둥근 언덕 모양 밭.

23) 고리 모양의 옥.

24) 【역주】 다음과 같은 식으로 정리할 수 있다. (92+122)×5×1/2=535제곱보=2무 55제곱보

1/2제곱보가 된다.[25]

(2) 속미(粟米)[26]

곡물의 품질에 따라 바꾸어 거래하는 것은 이것으로 다스린다. 交質이란 (곡물의) 質에 맞게 서로 교환하는 것을 말한다. 變易이란 變通(형편과 경우에 따라 일을 처리함)하여 거래하는 것을 말한다. 米穀(곡물)의 많고 적은 것은 한 말과 한 섬으로 가리고, 布帛(베와 비단, 직물의 총칭)의 길고 짧음은 丈尺으로 가리고, 麻絲(삼베와 실)의 가볍고 무거운 것은 權衡(저울)으로 가리어 그 귀천에 따라 물건의 품질에 맞게 서로 교환한다. 粟米란 그 대강을 예로 드는 것을 말한다. 質은 음이 至(zhi)이며, 埶(처리하다), 抵(해당하다)는 뜻이다. 貿는 음이 茂이며, 전용하여 재물을 바꾼다는 뜻이다.

속미의 법이란 粟,[27] 粗米[28]와 粺[29]은 그 가치의 귀천이 같지 않으므로 반드시 그 비율의 높고 낮음으로 미루어, 고르게 하여 곡식과 베의 교환 비율로 삼으며, 또한 만물의 귀천을 헤아려 고르게 함이 모두 그렇다. 특히 粟米를 들어 凡例로 삼을 따름이다.

○ 粟 50은 粺米[30] 27의 비율로 교환한다. 속미의 법에 "구하는

---

25) 【역주】 다음과 같은 식으로 정리할 수 있다. 15×(15+30)×1/2=337과 1/2제곱보=1

   무 97$\frac{1}{2}$제곱보.

26) 곡물의 환산.

27) 찧지 않은 조, 겉곡식.

28) 껍질을 벗기지 않은 조.

29) 정제한 조.

바 비율로 가지고 있는 것에 곱하면 實(나눠수)이 되며, 가지고 있는 것을 法(나눗수)으로 삼는다. 나눠수를 나눗수로 나눈다. 만약 겉곡식 2말 1되로 패미[31]를 얼마나 얻는가? 답은 패미 1말 1되에 곱하기 17/50하면 되는데, 풀이법에 따라 겉곡식으로 백정미를 구하는 데에는 50:27이다. 겉곡식 5말은 반드시 정한 쌀 2말 7되를 얻는다. 位價[32]와 錢貨[33]와 物數[34]을 놓고 (계산하는 것을) 비율(率)이라고 한다. 비율은 本色[35]에 견주어 그 각각의 물건과 같게 하는 것인데, 근본의 비율은 아래와 같이 따른다. 지금 가지고 있는 겉곡식 2말 1되로 정한 쌀을 구하고자 한다면 27을 곱하는 것으로 나눠수로 삼고 50으로 나눗수로 삼아 나눈다.[36] 혹은 糯米(여미)[37]로 착미[38]를 교환할 때나, 稻米(도미)[39]로 콩이나 보리를 바꿀 때도 이렇게 미루어 하는데 이것은 斗斛[40]으로 구하는 것이다. 만약 필(疋)[41]의 가치가 125전이고 가지고 있는 베가 2丈 7尺이라면 값이 얼마인가? 답은 84전 3/8전이다. 그 계산법은 위와 같다. 이것은 장척(丈

---

30) 패미. 현미 한 말을 대껴 아홉 되로 한 백정미.

31) 백정미.

32) 상대적 가치.

33) 돈.

34) 물건의 수량.

35) 물건의 타고난 특성.

36) 【역주】다음과 같은 식으로 정리할 수 있다. 21×27/50=11과 17/50.

37) 현미(玄米). 벼의 껍질만 벗기고 쓿지 않은 쌀.

38) 희게 대낀 쌀, 정미=精米.

39) 벼.

40) 斗는 10升, 斛은 10斗.

41) 일정한 길이로 짠 피륙을 셀 때 쓰는 단위.

尺)으로부터 구하는 것이다. 만약 실 1근의 가격이 345전인데 지금 7냥 12수(1냥은 24수)가 있다면 얼마인가? 161전 23/32전이다. 계산법은 또한 같다. 이것은 권형(權衡)[42]으로부터 구한 것이다. 이것으로 미루어 볼 때 물건의 귀천(貴賤)에 따라 교환하는 비율이 서로 다른 것이니 사물이 의거하는 기기(器機)가 모두 그러하다.

○ 鑿(착)은 음이 作(zuò)이며, 1 斛舂(곡용)[43]은 9斗로 취한다. (『儀禮』에 十斗曰斛). 『좌전』에 鑿으로 쓰여있고 粺糳(패휘)[44]로서 精米이다. 稗(피 패)[45]와는 같지 않다.

(3) 쇠분(衰分)[46]

신분에 따른 녹봉과 세금은 이것으로 다스린다. 공(公)·후(侯)·백(伯)·자(子)·남(男) 혹은 경(卿), 上대부(大夫), 士中, 사(士)와 그 이하의 士에는 귀천의 차이가 있으니 유별(類別)하는 것이다. 그 품작(品爵)의 차서(次序)에 따라 그 곡녹(穀祿)을 균등하게 하여 창름(倉廩)[47]으로 거두어들이는 것을 품(稟)[48]이라고 하고, 채지(采地)[49]

---

42) 저울.
43) 절구질한 10말.
44) 휘는 한 섬의 쌀을 쓿어 아홉 말이 되게 함. 『說文』에는 "糳 糲米一斛, 舂爲九斗也"라고 함.
45) 벼보다 작고 가치가 낮은 피.
46) 안분[按分] 비례.
47) 곳집.
48) 봉록으로 곡식을 줌.
49) 食邑-공신에게 논공행상으로 주는 영지로서 그 조세를 받아먹게 함.

에서 거두는 것을 세(稅)라고 한다.

쇠(衰)는 등차(等差)[50]이다. 稟(lin)은 力과 錦의 반절이다. 지금은 廩(름)이라고 쓴다. 采는 음이 菜이며 채지(采地)라는 뜻이다. 백관(百官)[51]은 그 땅으로 먹고살기 때문에 채지라고 한다. 『漢書』 권23 「형법지(刑法志)」에 보인다.

○ 쇠분법이란 등급의 높고 낮음에 따라 일정한 비율로 나누는 것이다. 쇠분의 풀이법에 따라 일련의 일정하게 줄어드는 비율을 합하여 나눗수(法)로 삼고, 나눌 것을 합하여 이전 비율과 곱하여 각각의 나뉨수(實)로 삼아 나눗수로 나눈다. 더 이상 나누어지지 않는 것을 나눗수로 이름한다. 위의 나눗수를 먼저 곱하고 후에 나눈다. 또는 나눗수로 먼저 나누고 다음에 곱한다. 풀이법에 따라 일정하게 줄어드는 비율을 합하여 나눗수로 삼고, 나눌 것을 나누어 얻은 수로써 더 이상 나누어지지 않는 것을 곱한다. 예를 들면 녹봉으로 주는 곡식 249곡(斛)을 공작 1인, 후작 3인, 백작 5인, 자작 7인, 남작 9인이 고르게 절반씩 줄어드는 비율로 나눈다면 공작은 48곡을, 후작 3인은 각각 24곡씩 모두 72곡을, 백작 5인은 각각 12곡씩 모두 60곡을, 자작 7인은 각각 6곡씩 모두 42곡을, 남작 9인은 각각 3곡씩 모두 27곡을 얻는다. 또 나눌 곡식으로 나뉨수로 삼고 남작을 9로 나누고 자작을 곱하면 14부(部) 7이 된다. 4를 백(伯, 5)에 곱하면 20이 되고, 또 8을 후(侯, 3)에 곱하면 24가 된다. 16을 공(公,

---

50) 등급의 차별.
51) 모든 벼슬아치.

1)에 곱하면 16이 되는데, 공(公)은 1이다. 이렇게 일정하게 줄어드는 비율을 합하면 83이 되는데 나눗수(法)로 삼고, 나뉨수(實)를 나누면 3곡을 얻는데 이것이 남작 한 사람의 곡식이다. 여기에 9를 곱하면 남작이 모두 얻는 수(27)가 된다. 3곡의 배(倍)는 곧 한 자작이 받는 곡식(6)으로 7을 곱하면 자작이 모두 얻는 수(42)가 된다. 백작은 이상과 같이 기준으로 삼는데, 이것이 귀천에 따른 봉록과 세금이다. 예를 들면 公·侯·伯·子·男 5인 작위의 高下에 따라 고르게 사슴 다섯 마리를 나눈다면 공(公)은 1과 2/3, 후(侯)는 1과 1/3, 백(伯)은 1, 자작은 2/3, 남작은 1/3을 얻는다. 또 공 5, 후 4, 백 3, 자 2, 남 1로 일정하게 줄어드는 비율을 합하여 15이면, 나눌 사슴 다섯 마리를 합하기 이전의 비율 공 5, 후 4, 백 3, 자 2, 남 1을 더하여 15로써 나눗수로 삼아 나누어도 된다. 이것도 또한 위의 셈법에 따라 헤아린 것이다. 예를 들면 甲이 560전, 乙이 350전, 丙이 180전을 갖고 있는데, 함께 세금 100전을 가진 돈의 다과(多寡)에 따라, 마치 신분의 귀천에 따라 봉록이 줄어들듯이 세금을 내면, (가진 돈을 더하여 나눗수로 삼고 100전을 합하기 이전의 비율과 곱하여 각자의 나뉨수로 삼아서, 나뉨수를 나눗수로 나누면) 갑은 51과 41/109전을, 을은 32와 12/109전을, 병은 16과 56/109전을 낸다. 또는 각각의 가진 돈을 합하면 1,090전인데, 세금 100전을 나눗수로 삼고 합하기 이전의 돈 곧 각자의 가진 돈을 곱하여, 합한 돈 1,090으로 나누면 같은 값을 얻는다. 이것도 또한 비슷하게 따른 것이다.

(4) 소광(少廣)[52]

정사각형, 원의 넓이와 제곱근(또는 부피의 경우 세제곱근)은 이것으로 다스린다. 소광(少廣)이란 (같은 넓이의 직사각형이라면) 길이(=세로)를 짧게 할수록 그 너비(=가로)는 길어지고, 반대로 너비를 헤아려서 그 길이를 구하는 것을 말한다. 적멱(積冪)이란 밭 얼마와 평평한 사각형이나 원의 제곱근으로 면적을 구하는 것을 말하며 소광술이라고 한다. 冪은 음이 멱(覓)이고 덮는다는 뜻이다. 상형문자인데 지금은 멱(冪)이라고 쓴다.

소광법이란 가로와 세로를 앎으로 제곱근으로 방원의 면적을 밝히는 것이다.

❍ 소광의 풀이법은 정수와 분모, 분자를 놓고 분모의 제곱으로 정수 및 분자를 곱하여 분모로서 분자를 나누고 더하여 나눗수로 삼는다. 정수를 분모로 곱한 것으로 곱하여 나눔수로 삼아서 나눔수를 나눗수로 나눈다. 이제 분모와 분자를 놓고 더하여 가로(너비)로 삼고, 밭의 세로를 구하여 소광의 법을 세워 합하고 나누는 법을 간편하게 하여 나눗수로 삼는다. 계산법은 정수를 놓고 분모의 제곱으로 정수와 모든 분자를 곱하여 각각 본래의 분모로 그 분자를 나누어 더하여 서로 곱하는 번거로움을 피한다.

예를 들면 밭 1무에 가로가 1보 반이면 세로는 얼마인가? 답은 160보이다.[53]

---

52) 넓이 계산.

53) 【역주】 다음과 같이 풀이할 수 있다. 밭 1무인 240제곱보를 가로 1과 1/2로 나누

예를 들면 밭 1무가 되게 하려고 하는데, 가로가 1과 1/3보, 1/4보가 덧붙여졌다면 세로는 얼마인가? 답은 115보와 1/5이다.54)

나머지 분모, 분자 모두 또한 이와 같다. 이것이 이른바 면적을 미루어서 가로로써 세로를 구하는 것이다.

예를 들면 면적이 18,225제곱보인 정사각형의 한 변(方)의 길이는 얼마인가? 답은 135보이다. 풀이법은 (정사각형의) 넓이를 나눔수로 놓고, 산가지 하나를 빌려(借算) 걸리는데, 매 걸음 한 자리씩 건너뛴다. 몫을 따져 그것을 차산에 곱하여 나눗수로 삼아 나눔수에서 뺀다. 뺐으면 나눗수를 배로 해서 정해진 나눗수(定法)로 삼는다. 그것을 다시 나누면서 한 자리 물리면서 밑에 놓는다. 또 차산을 놓고, 처음처럼 그것을 걸린 다음, 다시 몫을 따진 몫으로 그것을 한번 곱하여 얻어진 값을 덧붙여 그것을 더한 것으로 나눗수를 정하고, 그것으로 뺀다. 얻어진 값으로 정해진 나눗수에 덧붙이고, 다시 빼서, 처음처럼 한 자리 물려서 밑에 놓는다. 만약 제곱근을 구하려다가 맞아떨어지지 않는 것이 남으면, 마땅히 한 변을 분모로 삼아야 한다. 만약 나눔수에 분수가 있으면 통분을 위해서 분자 속에 집어넣어 정해진 나눔수로 삼고, 그것의 제곱근을 구하여 마쳤으면, 분모의 제곱근을 구해서 서로 나눈다. 만약 분모의 제곱

면 160보이다.

54) 【역주】 다음과 같이 풀이할 수 있다. 아래에 1/4을 놓고 1을 12로 하면 반은 6이고, 1/3은 4, 1/4는 3이 된다. 모두 합하면 25가 되는데 이를 나눗수로 삼는다. 밭 240제곱보를 12로 하여 나눔수로 삼는다. 나눔수를 나눗수로 나누면 세로의 보수는 115와 1/5보가 된다.

근을 구하려다가 남으면, 다시 분모로 정해진 나눔수를 곱하여 제곱근을 구하고, 마쳤으면 분모로 나눈다.[55]

예를 들면 부피가 1,953과 1/8인 정육면체 한 변의 길이는 얼마인가? 답은 12와 1/2척이다. 풀이법은 (정육면체의) 부피를 나눔수로 놓고, 산가지 하나를 빌려 걸리는데 매 걸음 두 자리씩 건너뛴다. 몫을 따져서, 그것을 차산에 두 번 곱하여 나눗수로 삼아서 나눔수에서 뺀다. 뺐으면, 3으로 곱해서 정해진 나눗수로 삼는다. 그것을 다시 나누면서 한 자리 물려서 밑에 놓는다. 몫을 3으로 곱한 수를 가운데 행에 놓고, 다시 차산을 아래 행에 놓는다. 그것을 걸려서, 가운데 행은 한 자리 건너뛰고, 아래 행은 두 자리를 건너뛴다. 다시 나눔수를 놓고 몫을 따져서, 가운데 행은 한 번 곱하고, 아래 행은 두 번 곱한 다음, 모두 덧붙여서 더한 것으로 나눗수를 정하고, 정해진 나눗수로 뺀다. 뺐으면 아래 행을 2배 하여 가운데 행과 더하여 법으로 정한다. 또 빼서는 앞서와 마찬가지로 한 자리 물려서 밑에 놓는다. 세제곱근을 구하려다가 맞아떨어지지 않는 것은 역시 남는 것으로 한다. 만약 부피에 분수가 있으면 통분을 위해서 분자 속에 집어넣어 정해진 나눔수로 삼고, 곧 그것의 세제곱근을 구하여 마쳤으면, 분모의 세제곱근도 구하여 서로 나눈다. 만약 분모의 세제곱근을 구하려다 남으면, 다시 분모로 정해진 나눔수를 곱하여 세제곱근을 구하고, 마쳤으면 분모로 나눈다.[56]

---

55) 【역주】이 풀이법은 역자의 능력으로는 해석할 수 없어 『구장산술』에서 제시한 산가지를 이용한 계산법으로 대신하였다.

56) 【역주】이 풀이법 또한 역자의 능력으로 해석할 수 없어 『구장산술』에서 제시한 산가지를 이용한 계산법으로 대신한다. 이상 『구장산술』의 풀이법은 『구장산술

이것이 이른바 정육면체의 한 변의 길이를 구하는 방법이다.

(5) 상공(商功)57)

토목공사의 공정과 부피는 이것으로 다스린다. 예를 들면 판축(版築)58)으로 다진 토지(堅壤)59)의 많고 적음, 지경의 성채(혹은 기둥)의 수와 높고 깊은 정도에 따른 비용의 계산은 이 법을 사용한다.

기둥과 장벽은 한가지로 계산한다. 상공이란 그 일의 분량(工程)을 계산하는 것이다.

○ 상공의 풀이법에는 穿地(천지)60) 4척은 양(壤)61) 5척이 되고, 견(堅)62) 3이 된다. 파낸 땅으로 부드러운 흙을 구하려면 5를 곱하고, 굳은 흙을 구하려면 3을 곱하여 모두 4로 나눈다. 부드러운 흙으로 파낸 땅을 구하려면 4를 곱하고, 굳은 흙을 구하려면 3을 곱하여 모두 5로 나눈다. 굳은 흙으로 파낸 땅을 구하려면 4를 곱하고, 부드러운 흙을 구하려면 5를 곱하고, 모두 3으로 나눈다. 예를 들면 파낸 땅의 부피가 10,000세제곱尺이면 굳은 흙은 7,500세제곱척이고, 부드러운 흙은 12,500세제곱척이다.

주비산경』(차종천 역, 범양출판사, 2000.)을 참고하였다.
57) 토목공사와 관련된 부피 계산.
58) 토목공사에 쓰이는 도구로 담틀, 흙을 다지는 공이.
59) 굳은 흙과 부드러운 흙.
60) 파낸 땅.
61) 부드러운 흙.
62) 굳은 흙.

성, 담, 제방, 도랑, 해자, 개천의 부피를 구하는 법은 위, 아래, 너비를 더하여 반으로 나눈 것을 높이나 깊이로 곱한 다음, 길이로 곱하면 (부피가) 된다. 예를 들면 성의 아래 너비가 4장, 위의 너비가 2장, 높이가 5장, 길이가 126장 5척이면 부피는 1,897,500세제곱척이다.[63]

정사각형 곡식 창고의 부피는 한 변의 제곱에 높이를 곱하면 되고, 변의 길이가 같지 않을 때도 방법은 같다. 또는 곡(斛)을 나눗수로 삼아 나누어도 된다. 정사각형 성채의 부피는 한 변의 길이의 제곱에 높이를 곱한다. 예를 들면 작은 성채[64]의 한 변이 1장 6척이고, 높이가 1장 5척이면 부피는 얼마인가? 3,840세제곱척이다.[65]

정사각형 곡식 창고의 부피는 한 변의 길이가 같은 것은 풀이법이 같다. 원기둥 모양의 풀이법은 지름을 제곱하고 높이로 곱한 다음 12로 나눈다. 예를 들면 지름이 4장 8척이고 높이가 1장 1척이면 부피는 얼마인가? 2,112제곱척이다.[66]

원기둥 모양의 미곡 창고의 부피는 위아래가 같은 것은 계산법도 같다. 정사각형 돈대의 부피 계산법은 윗변과 아랫변을 서로 곱하고, 또 각각을 제곱하여, 모두 더한 것을 높이로 곱한 다음 3으로 나눈다. 예를 들면 정사각형 돈대의 윗변이 4장이고 아랫변이 5장이며 높이가 5장이면 부피는 얼마인가? 101,666과 2/3

---

63) 【역주】다음과 같은 식으로 정리할 수 있다. (상광+하광)÷2×높이(또는 깊이).
64) 정사각형의 기둥 모양, 정육면체.
65) 【역주】다음과 같이 풀이할 수 있다. 16×16×15=3,840
66) 【역주】다음과 같이 풀이할 수 있다. (48×48×11)÷12=2,112세제곱척.

세제곱장이다.67) 사각형 창고의 위아래가 모두 정사각형이고 위아래가 같지 않아도 풀이법은 같다.

원기둥형 돈대의 계산법은 위와 아래의 지름을 서로 곱하고, 또 각각을 제곱하여, 모두 더한 것을 높이로 곱한 다음 36으로 나눈다. 원기둥형 돈대의 윗면의 지름이 2장이고 아래의 지름이 3장이며, 높이가 1장이면 부피는 얼마인가? 527과 7/9세제곱척이다.68) 원기둥형 돈대의 위와 아래의 둘레가 같지 않아도 계산법은 같다.

정사각뿔의 계산법은 밑변을 제곱하고 높이로 곱한 다음 3으로 나눈다. 정사각뿔의 밑변이 2장 7척이고 높이가 2장 9척이면 부피는 얼마인가? 7,047세제곱척이다.69)

원뿔의 계산법은 아래의 둘레를 제곱하고, 높이로 곱한 다음 36으로 나눈다. (예를 들면) 원뿔의 아래 둘레가 3장 5척이고, 높이가 5장 1척이면 부피는 얼마인가? 1,735와 5/12세제곱척이다.70)

평지에 조를 쌓아 놓았거나 담에 기대어 쌓아 놓은 것도 계산법은 같다. 塹堵(참도)71)의 계산법은 너비와 길이를 서로 곱하고, 높이로 곱한 다음에 2로 나눈다. 직각삼각형 기둥의 아래 너비가 2장, 길이가 18장 6척, 높이가 2장 5척이면 부피는 얼

---

67) 【역주】 다음과 같이 풀이할 수 있다. (40의 제곱+50의 제곱+40×50)×5를 3으로 나눈다. (6100×5)÷3=305,000÷3=101,666.67세제곱척.

68) 【역주】 다음과 같이 풀이할 수 있다. (20의 제곱+30의 제곱+20×30)×1을 36으로 나눈다. 1900÷36=527과 7/9.

69) 【역주】 다음과 같이 풀이할 수 있다. 27의 제곱×29÷3=7,047.

70) 【역주】 다음과 같이 풀이할 수 있다. 35의 제곱×51÷3=1,735와 5/12.

71) 직각삼각형 기둥.

마인가? 46,500세제곱척이다.[72]

陽馬(양마)[73]의 계산법은 너비와 길이를 곱하고 높이로 곱한 다음 3으로 나눈다. (예를 들면) 양마의 너비가 5척, 길이가 7척, 높이가 8척이면 부피는 얼마인가? 93척과 1/3세제곱척이다.[74]

鼈臑(별노)[75]의 계산법은 너비와 길이를 곱하고, 높이로 곱한 다음 6으로 나눈다. 자라 팔꿈치의 아래 너비가 5척, 모서리가 4척, 높이가 5척이면 부피는 얼마인가? 23과 1/3세제곱척이다.[76]

芻童(추동)[77]의 계산법은 위의 길이를 2배 하여 아래 길이와 더한 것을 위 너비로 곱하고, 또 아래 길이를 2배로 하여 위 길이와 더한 것을 아래 너비로 곱해서, 두 값을 더한 것을 높이로 곱하여 6으로 나눈다. (예를 들면) 여물통의 아래 너비가 3장, 아래 길이가 4장이고, 위 너비가 2장, 위 길이가 3장이며, 높이가 3장이면 부피는 얼마인가? 26,500세제곱척이다.[78]

芻甍(추맹)[79]의 계산법은 아래 길이를 2배로 하여 위 길이와 더한 것을 너비로 곱하고, 또 높이로 곱한 다음 6으로 나눈다.

---

72) 【역주】 다음과 같이 풀이할 수 있다. 20×186×25를 2로 나눈다.

73) 일종의 직사각형 뿔.

74) 【역주】 다음과 같이 풀이할 수 있다. 5×7×8을 3으로 나누면 93과 1/3.

75) 자라 팔꿈치, 참도에서 양마를 잘라낸 나머지.

76) 【역주】 다음과 같이 풀이할 수 있다. 5×4×7을 6으로 나누면 23과 1/3.

77) 여물통. 【역주】 마야의 피라미드와 흡사한 것으로 밑변과 윗면이 모두 직사각형이고, 4면이 모두 사다리꼴인 입체를 가리킨다.

78) 【역주】 다음과 같이 풀이할 수 있다. [(40의 2배+30)×30+(30의 2배+40)×20]×30÷6=26,500

79) 대마루. 【역주】 밑변이 직사각형이고 양 마구리가 삼각형이며, 앞뒤가 사다리꼴이고, 꼭대기가 직선인 전후좌우로 대칭인 입체.

추맹(대마루)의 위 너비가 3장, 아래 너비가 4장, 아래 길이가 4장, 위 길이가 2장, 높이가 1장이면 부피는 얼마인가? 5,000세 제곱척이다.[80]

羨除(선제)[81]의 계산법은 세 너비를 더하여 깊이로 곱하고 또 길이로 곱하여 6으로 나눈다. 예를 들면 위 너비가 1장이고, 아래 너비가 6척이며, 깊이가 3척이며, 끝 길이가 8척, 그리고 깊이가 없는 길이가 7척이면 부피는 얼마인가? 84세제곱척이다.[82]

이상은 각각 부피를 구하는 계산법인데 이미 부피를 알면 일의 분량을 계산할 수 있다.

(6) 균수(均輸)[83]

거리의 원근과 (이에 따른) 노동력과 비용은 이것으로 다스린다. 할당된 공세(貢稅)를 바칠 때는 물자를 수송하는 거리, 현(縣)의 호구(戶口)의 많고 적음, 재물의 같지 않음, 거리의 멀고 가까움, 운송수단의 다름에 따라 노동력과 비용을 균등하게 하여 이 법을 적용한다. 노동력을 노(勞)라고 하고, 거리에 따른 비용을 비(費)라고 한다.

균수란 조세로 납부하는 미곡류나 勞費(노비)를 고르게 나르고 거두는 것이다. 大意(대강의 뜻)는 衰分[84]과 대략 같다.

---

80) 【역주】다음과 같이 풀이할 수 있다. (4의 2배+2)×3×1을 6으로 나누면 5세제곱장, 5,000세제곱척.

81) 쓰레받기 또는 쐐기처럼 생긴 것.

82) 【역주】다음과 같이 풀이할 수 있다. (10+6+8)×3×7을 6으로 나누면 84.

83) 세금으로 거두어들이는 곡식의 운반.

84) 九數의 세 번째, 일정한 비율로 줄임.

◯ 균수의 계산법은 1리(里)를 운반하는 데 드는 비용으로 수송 장소까지의 거리를 곱하고, 조 한 섬 값을 더하여 각 현의 호구 수의 비율에 따라 더하여 나눗수로 삼고, 세금으로 부과된 조로 더하기 전의 비율을 곱하여 나넘수로 삼아서, 나넘수를 나눗수로 나눈다.

예를 들면 4현에 할당되어 운반해야 할 조는 250,000섬이며, 이에 소용되는 수레는 10,000대이다. 각 현의 멀고 가까움, 호구 수의 많고 적음에 따라 차등으로 내게 하려고 한다. 갑현은 10,000호가 살고 8일을 가야 하며, 을현은 9,500호가 살고 10일을 가야 하며, 병현은 12,350호가 살고 13일을 가야 하며, 정현은 12,200호가 살고 20일을 가야만 각각 수송 장소에 이를 수 있다. 조와 수레는 각각 얼마씩 내야 하는가? 답은 갑현은 조 83,100섬에 수레 3,324대를, 을현은 조 63,175섬에 수레 2,527대를, 병현은 조 63,175섬에 수레 2,527대를, 정현은 조 40,550섬에 수레 2,622대를 낸다.[85] 이것이 균수의 기본 계산법이다.

예를 들면 9마디의 대나무에 순서대로 차등을 두어 4마디에는 3되가 들어가게 하고, 아래 3마디에는 4되가 들어가게 하고, 중간 2마디에도 일정하게 차등을 두어 들어가게 하면 각각의 양은 얼마인가? 답은 상중하의 각 마디의 용량이 9와 3/22승이

---

85) 【역주】 다음과 같이 풀이할 수 있다. 각 현의 호구 수를 가야 할 날수로 나눠서 비율로 삼는다. 갑은 125, 을과 병은 각각 95, 정은 61의 비율을 더하여 나눗수로 삼고, 세금과 수레의 대수로 더하기 전의 비율을 곱해 나넘수로 삼아서, 나넘수를 나눗수로 나누면 수레의 수가 된다. 분수가 있는 것은 반올림한다. 할당된 세금 25섬으로 수레의 수를 곱하면 조의 양이 된다.

라면, 상 4절의 용량은 3되이니 1절에는 39/66되가, 2절에는 46/66되가, 3절에는 53/66되가, 4절에는 60/66되가 들어간다. 중간의 2절의 용량은 2와 9/66되이니 5절에는 1과 1/66되가, 6절에는 1과 8/66되가 들어간다. 아래 3절의 용량은 4되이니 7절에는 1과 15/66되가, 8절에는 1과 22/66되가, 9절에는 1과 29/66되가 들어간다. 이것이 변통하여 사용되는 균수의 계산법이다.

그 이외의 것도 미루어 헤아릴 수 있다.

(7) 영뉵(盈朒)[86]

감추어진 여러 가지가 서로 드러나는 것은 이것으로 다스린다. 수가 드러난 것은 알 수가 있으나 감추어진 것은 궁구하기 어려운데 여러 가지가 감추어진 것은 더욱 상고하기가 불가능하다. 이에 그 드러난 것으로 말미암아 그 감추어진 것을 구한다.

영(盈)은 많아 남는 것이고, 육(朒)은 또 줄어들어 부족하다는 것으로 그 뜻은 같다.

○ 영뉵(盈朒)이란 혹은 많고 혹은 적은 기수(奇數)를 미루어서 그 공수(共數)를 아는 것이다.

○ 영뉵의 계산법은 내는 비율을 놓고, 남고 모자라는 것을 각각 그 아래에 둔 다음, 그것들을 다른 쪽의 내는 비율과 교차시켜

---

86) 盈不足. 남고 모자라는 것들의 관계로부터 미지수의 값을 구하는 방법. 과부족셈, 2원 1차 연립방정식의 산술적 해법

서 곱하고 더하여 나눔수로 삼는다. 남는 것과 모자라는 것을 더하여 나눗수로 삼아, 나눔수를 나눗수로 나눈다. 또는 남고 모자라는 것 중에서 많은 것에서 적은 것을 뺀 나머지로 나눔수로 삼고, 내는 비율의 많은 것에서 적은 것을 뺀 나머지로 나눗수로 삼아서, 나눔수를 나눗수로 나눈다. 사람이 내는 비율로 그것을 곱하여, 남는 것을 빼거나 모자라는 것을 보충하면 곧 물건의 값이 된다. 예를 들면 여럿이 함께 물건을 사는데, 각자 8문(文)[87)]씩 내면 3문이 남고, 7문씩 내면 4문이 모자란다. 사람 수와 물건값은 각 얼마인가? 사람 수는 7인, 물건값은 53문이다.[88)]

두 남는 것과 모자라는 것의 계산법은 내는 비율을 놓고, 남고 모자라는 것을 그 아래에 둔 다음, 그것들을 다른 쪽의 내는 비율과 교차시켜 많은 쪽에서 적은 쪽을 뺀 나머지를 나눗수로 삼고, 남는 것과 모자라는 것 가운데 많은 것에서 적은 것을 뺀 나머지로 나눔수로 삼아, 나눔수를 나눗수로 나눈다. 예를 들면 공동으로 금을 사려고 하는데, 한 사람이 400문씩 내면 3관 400문이 남고, 한 사람이 300문씩 내면 100문이 남는다. 사람 수와 금값은 얼마인가? 답은 33인과 금값 9량 800문이다.[89)] 또 공동으로 양을 사려고 하는데, 한 사람마다 5문을 내면 45문이 모자라고, 한 사람마다 7문씩 내면 3문이 모자란다. 사람

---

87) 엽전, 둥근 주화의 가운데에 네모의 구멍이 난 동전.

88) 【역주】다음과 같이 풀이할 수 있다. 사람 수를 x, 물건값을 y라고 하면, $8x-3=7x+4=y$. $x=7$, $y=53$

89) 【역주】다음과 같이 풀이할 수 있다. $400x-3400=300x-100=y$, $x=33$, $y=9,800$.

수와 양값은 얼마인가? 답은 21인, 양값 150문이 된다.[90]

남거나 꼭 맞는 경우의 계산법은 내는 비율을 놓고, 남고 모자라는 것을 각각 그 아래에 두고, 비율에 따라 많은 쪽에서 적은 쪽을 뺀 나머지를 나눗수(法)로 삼고, 남는 것 둘과 모자라는 것 둘 가운데 많은 것에서 적은 것을 뺀 나머지를 나뉨수(實)로 삼아서 나뉨수를 나눗수로 나눈다. 값이 나오면 내는 비율로 그것을 곱하여, 남는 것을 빼거나 모자라는 것을 보충하면 물건값이 된다.

또 다른 계산법은 남고 모자라는 수를 나뉨수로 삼고, 내는 비율을 놓고 많은 쪽에서 적은 쪽을 뺀 나머지를 나눗수로 삼아서 나뉨수를 나눗수로 나눈다. 꼭 맞는 것으로 사람 수를 곱하면 물건값이 된다. 예를 들면 공동으로 양을 구입하려고 하는데, 한 사람마다 5문씩 내면 90문이 모자라고, 한 사람마다 50문씩 내면 꼭 맞는다. 사람 수와 양값은 얼마인가? 사람 수는 2인, 양값은 100문이다.[91]

(8) 방정(方程)[92]

양수(正數)와 음수(負數)가 뒤섞인 것은 이것으로 다스린다. 행렬(行列)[93]은 方이라 하고, 量度(양탁)[94]은 程이라고 한다.[95] 물건의

---

90) 【역주】 다음과 같이 풀이할 수 있다. 5x+45=7x+3=y, x=21, y=150
91) 【역주】 다음과 같이 풀이할 수 있다. 5x+90=50x=y, x=2, y=100.
92) 다원 1차 방정식
93) 벌리어 선 줄.
94) 저울과 자로 부피와 길이를 재는 일.

수량은 가격과 같다. 行列로 놓을 때 가로로 놓는 것이 행(行)이 되고 세로로 놓는 것이 열(列)이 된다. 여러 行의 사이에 번갈아 증가하는 것을 대조하여 빼고 덜어서 法(나눗수)과 實(나눔수)로 삼는다. 列에서 數를 구하여 수에 같지 않은 것이 있으면 損益[96]을 交易[97]하여 行에 빈 곳이 있으면 정부(正負)[98]의 계산법을 적용한다.

程(길이의 단위)은 品(수, 定數)이다. 열 발(髮)[99]이 정(程)[100]이 된다. 徐鍇(서개, 920-974)[101]는 "정(程)은 저울추로 부피나 무게를 헤아리는 단위이며 律歷이다. 糅(róu)는 忍(rěn)과 九(jiǔ)의 반절인데 섞는다(雜)는 뜻이다. 程(정)은 正(정)이며 負(부)[102]는 欠(흠)[103]이다"라고 하였다.

○ 방정(方程)이란 방 옆의 행을 견주어 그 길이의 단위를 아는 것이다. 방정의 계산법은 구하는 바의 비율로써 옆의 行과 서로 곱하고, 적은 것으로 많은 것을 빼서 다시 줄어 적어지는 돈을 구하여 나눔수로 삼고 물건을 나눗수로 삼아 나뉨수를 나눗수로 나누어 자리에 놓는다. 또 묻는 바의 排列에 따라 마침내 물건과 가격이 이웃하는 行이 되어 서로 짝을 이루게 된다. 예를

---

95) 【역주】方程이란 數(수)를 네모난 표의 형태로 늘어놓고 계산하는 것이다.
96) 줄어듦과 늘어남.
97) 서로 바꿈.
98) 더하고 뺌.
99) 一寸의 백 분의 일.
100) 一寸의 십 분의 일.
101) 저서로는 『說文解字系傳』, 『說文解字篆韻譜』등이 있다.
102) 빚.
103) 빚. 貢稅의 未納.

들면 벼 상품 3묶음, 중품 2묶음, 하품 1묶음의 알곡이 모두 39 말이며, 상품 2묶음, 중품 3묶음, 하품 1묶음의 알곡이 모두 34 말이고, 상품 1묶음, 중품, 중품 2묶음, 하품 3묶음의 알곡이 모두 26말이다. 상·중·하품 1묶음의 알곡은 각각 얼마인가? 답은 상품 1묶음은 9와 1/4말, 중품 1묶음은 4와 1/4 말, 하품 1묶음은 2와 3/4말이다.[104]

(예를 들면) 큰 그릇에 5, 작은 그릇에 1의 비율로 담은 용량이 3섬이고, 작은 그릇에 5, 큰 그릇에 1의 비율로 담은 용량이 2 섬이면 큰 그릇과 작은 그릇의 용량은 각각 얼마인가? 답은 큰 그릇의 용량은 13/24섬, 작은 그릇의 용량은 7/24섬이다[105]

방정의 줄이거나 늘이는 계산법은 수가 같지 않은 것은 방정술 과 같이 덜고 더하는 것을 같게 하여 구한다. 예를 들면 말 2마 리와 소 1마리의 값이 10관(貫)[106]을 넘는 것이 말 반 마리 값 과 같고, 말 1마리와 소 2마리의 값이 10관에서 모자라는 것이 소 반 마리 값과 같다. 소와 말의 값은 각각 얼마인가? 답은 말 은 5관 454전과 6/11전이고, 소는 1관 818전과 2/11전이다.[107]

방정 분모자의 계산법은 방정에 분모와 분자가 있는 것은 그것

---

104) 【역주】 다음과 같이 풀이할 수 있다. 상, 중, 하품 1묶음의 알곡을 각각 x, y z라 하면 $3x+2y+z=39 \rightarrow ①$, $2x+3y+z=34 \rightarrow ②$, $x+2y+3z=26 \rightarrow ③$의 3원 1차 연립방정식 을 세운 다음, ②×3-①×2 하여 $5y+z=24 \rightarrow ④$를 얻고, ③×3-① 하여 $4y+8z=39 \rightarrow ⑤$ 를 얻는다. 이어서 ⑤×5-④ 하면 $36z=99 \rightarrow ⑥$을 얻어 z의 값을 구한다. z=36/99=4/11=2와 3/4말. 다음 ⑤식에 z의 값을 대입하여 y의 값을 구하고, 마지 막으로 x의 값을 얻는다

105) 【역주】 다음과 같이 풀이할 수 있다. $5x+y=3$, $5y+x=2$

106) 1관은 1,000전.

107) 【역주】 다음과 같이 풀이할 수 있다. 말과 소의 값을 각각 x, y라고 하면 $2x+y-1,000=x/2$, $x+2y-1000=-y/2$의 연립방정식

을 같게(通分) 하여 구한다. 예를 들면 갑과 을이 돈을 가지고 있는데, 갑이 을의 반이 넘으면 50전이 되고, 을이 갑의 2/3를 얻어도 역시 50전이다. 갑과 을의 가지고 있는 돈은 얼마인가? 답은 갑은 37과 1/2전, 을은 25전이다.[108]

방정 정부의 계산법은 다른 이름끼리는 덜고, 같은 이름끼리는 더하는데, 양수는 0에 대해서 양수이고, 음수는 0에 대해서 음수가 된다. 또 같은 이름끼리는 덜고, 다른 이름끼리는 더하는데, 양수는 0에 대해서 음수이고, 음수는 0에 대해서 양수가 된다, 예를 들면 소 2마리와 양 5마리를 팔아서 돼지 13마리를 사면 1관(1000전)이 남고, 소 1마리와 돼지 1마리를 팔아서 양 3마리를 사면 딱 맞으며, 양 6마리와 돼지 8마리를 팔아서 소 5마리를 사면 600전이 부족하다. 소, 양, 돼지의 값은 각각 얼마인가? 답은 소는 1200전, 양은 500전, 돼지는 300전이다.[109]

(9) 구고(句股)[110]

높고 깊고 넓고 먼 것은 이것으로 다스린다. 句는 밑변(직각삼각형의 가로로 된 변)이고 股는 높이(직각삼각형의 밑변에 수직한 변)이며 (句와 股 사이의) 기울어진 빗변이 弦이 된다. 세 가지 가운데 서로 간의 그 모양이 어떠한가를 생각하고 직각으로 꺾인 모양을 궁리하여 正尺이 句가 되고, 尺梢가 股가 되며, 그 尺[111]과 梢[112]가 서

---

108) 【역주】다음과 같이 풀이할 수 있다. x+y/2=50, 2x/3+y=50
109) 【역주】다음과 같이 풀이할 수 있다. 소, 양, 돼지의 값을 각각 x. y, z라고 하면, 2x+5y=13z+1000, 3x+3z=9y, 6y+8z=5x-600이라는 3원 1차 연립방정식이 된다
110) 피타고라스 정리의 응용.

로 떨어진 사이를 弦이라고 한다. 그 和와 그 較와 그 容은 方圓 그리고 그 旁要[113]가 모두 높이와 깊이가 하늘과 땅 사이같이 차이가 현격하여도 모두 헤아려 알 수 있으며 셈하여 그 指[114]에 이르게 할 수 있다. 較는 음이 敎이며, 句와 股의 名義는 이미 正文(本文)에 보인다.

그 指는 구고(句股)[115]에서는 직각을 낀 짧은 변(句)과 긴 변(股)이다. 화(和)는 합(合)이란 뜻이고, 교(較)는 량(量)[116]이란 뜻이다.

- 직각삼각형의 두 변(고는 밑변, 구는 높이)으로 현(弦)[117]의 길이를 구하는 방법은 두 변의 제곱을 합하여 그것의 제곱근을 구하면 빗변이 된다. 예를 들면 밑변이 8척, 높이가 15척이면 빗변은 17척이 된다.[118]

- 현과 긴 변으로 짧은 변(높이)의 길이를 구하는 방법은 밑변의 제곱을 빗변의 제곱에서 뺀 나머지의 제곱근을 구하면 높이가 된다. 예를 들면 빗변이 17보, 밑변이 8보이면 높이는 15보이다.

- 높이와 빗변(현)으로 밑변의 길이를 구하는 방법은 높이의 제곱을 빗변의 제곱에서 뺀 나머지의 제곱근을 구하면 된다. 예를 들면 높이가 15척이고, 빗변이 17척이면 밑변은 8척이다.

- 고와 현을 구와 견주어 현의 길이를 구하는 방법은 구의 길이

---

111) 평평한 곳.
112) 끝, 꼭대기.
113) 내접 정사각형.
114) 직립.
115) 직각삼각형
116) 헤아리다.
117) 직각삼각형의 빗변.
118) 【역주】다음과 같이 풀이할 수 있다. 8의 제곱+15의 제곱=17의 제곱.

를 제곱하고 고와 현의 차이를 제곱하여 뺀 나머지 나눔수로
삼고 고와 현의 차이를 2배로 하여 나눗수로 삼아 나눔수를 나
눗수로 나눈다. 예를 들면 정사각형 연못의 길이가 1장인데 그
한가운데에 갈대가 수면 위로 1척이 나왔다. 갈대를 잡아당겨
수면과 고르게 되었다. 수심은 얼마인가? 답은 1장 2척이다.

○ 고와 현을 합하고 구와 더불어 고를 구하는 풀이법은 구의 제
곱으로 나눔수로 삼고, 고와 현을 더한 것에서 나머지의 반을
고로 삼는다. 예를 들면, 대나무의 높이가 1장인데, 꺾여서 땅
에 닿았는데 뿌리로부터의 거리가 3척이다. 꺾어진 높이는 얼
마인가? 답은 4척 12/20이다.[119]

○ 句股로 弦을 구하고 그 셋을 和較하는 法은 구와 고를 곱한 것
을 두 배로 곱하여 나눔수로 삼고 고와 구로 현을 구한 다음,
셋을 더하여 나눗수로 삼아 나눔수로 나눗수로 나눈다. 예를
들면 (직각삼각형의) 밑변이 8보이고, 높이가 15보이면 내접원
의 지름은 얼마인가? 답은 6보이다.[120]

○ 句股較與弦 求股法(구와 고의 차이와 현을 헤아려 고를 구하는
방법)은 현의 제곱을 몫으로 삼고, (높이와 너비의) 차이의 반
을 제곱하여 2배 한 것을 몫으로부터 뺀 나머지 반의 제곱근을
구한 것에서 차이의 반을 빼면 문의 너비가 되고, 차이의 반을
더하면 문의 높이가 된다. 예를 들면 문의 높이가 너비보다 6

---

119) 【역주】다음과 같이 풀이할 수 있다. 꺾인 높이를 x라고 하면 x의 제곱+3의 제
곱=(10척-x)의 제곱이다. x=91/20=4와 11/20척.

120) 【역주】다음과 같이 풀이할 수 있다. 밑변과 높이로부터 빗변을 구한 다음, 이
셋을 더하여 나눗수로 삼고, 밑변과 높이를 곱한 것을 2배로 하여 나눔수로 삼아
서, 나눔수를 나눗수로 나누면 내접원의 지름이 나온다.

척 8촌이 많으며, 두 모서리의 거리(즉 대각선)가 1장이다. 문의 높이와 너비는 얼마인가? 답은 높이 9척 6촌, 너비는 2척 8촌이다.

○ 句股容方法(구와 고로 方形의 용적을 구하는 방법)은 두 句와 股를 곱하여 2배 한 것을 實(실)[121]로 삼고, 두 나머지 구를 더한 것을 法(법)[122]으로 삼아 근을 구하면 된다. 예를 들면 (정사각형의 읍성이 있는데) 한 변의 길이는 모른다. 각각의 가운데에 문이 열려 있으며, 북문 밖 20보에 물이 있고, 남문을 나와 14보 가다가 꺾어서 서쪽으로 1775보를 가니 물이 보인다. 읍성 한 변은 얼마인가? 답은 250보이다.[123]

○ 句와 股를 헤아리고 股와 弦을 헤아려 句股를 구하는 방법은 가로, 세로로 못 나간 길이를 서로 곱해서 2배 하여 구한 제곱근이 弦(현)이 되고, 그 값에 세로로 못 나간 길이를 더하면 문의 너비가 된다. 거기에 가로로 못 나가는 길이를 더하면 문의 높이가 된다. 양쪽으로 못 나가는 길이를 더하면 문의 대각선이 된다. 예를 들면 문의 높이와 너비를 모르며, 낚싯대의 길고 짧음도 모른다. 그것을 누이면 4척이 못 나가고, 세우면 2척이 못 나가고, 비스듬히 기울이면 꼭 들어맞는다. 문의 높이, 너비, 대각선 길이는 각각 얼마인가? 답은 높이는 8척, 너비는 6척, 기울기는 1장이 된다.

---

121) 나뉨수.

122) 나눗수.

123) 【역주】 다음과 같이 풀이할 수 있다. 북문에서의 보수와 서쪽으로 간 보수를 곱하여 2배 한 것을 상수항으로 삼고, 남문에서의 보수를 1차 항의 계수로 삼아 근을 구하면 읍성 한 변의 길이가 된다.

○ 句와 股로 旁要[124]를 구하는 방법은 예를 들면 (직각삼각형) 밑변이 6보, 높이가 12보이면, 내접 정사각형의 한 변은 얼마인가? 답은 4보이다.[125]

○ 句에서 股를 뺀 나머지로 용적을 구하는 방법은 나무 높이에서 사람의 눈높이를 빼고, 산과 나무 사이의 거리를 곱해서 나눔수로 삼고, 사람과 나무 사이의 거리를 나눗수로 삼아, 거기에서 얻은 값에 나무 높이를 더하면 산의 높이가 된다. 예를 들면 높이를 모르는 산이 있는데, 동쪽 53리에 나무의 높이 95척인 나무가 있다. 사람이 나무로부터 동쪽으로 3리 떨어져서 있고 높이는 7척인데, 바라보니 나무 끝(꼭대기)과 산봉우리와 일직선으로 기울어져 있는데 사람의 눈높이는 척이다. 산의 높이는 얼마인가? 답은 164장 9척과 6과 2/3촌이다.[126]

○ 魏나라 劉徽(유휘)[127]의 "句股重差法(구고중차법)[128]"에 따라서, 예를 들면 하지의 정오에 두 해시계의 기둥(表, 이하 기둥이라 함)을 낙양의 남쪽과 북쪽 평지에 8척의 높이로 세우게 하고 (그림자의 길이를 잰다), 그림자 길이의 차이를 나눗수로 삼고, 기둥의 높이와 기둥 간 거리의 제곱을 나눔수로 삼아서, 나눗수를 나눔수로 나누어 얻어진 값에 기둥 높이를 더하면

---

124) 내접 정사각형

125) 【역주】다음과 같이 풀이할 수 있다. 내접 정사각형의 한 변의 길이를 x, 정사각형과 맞닿아있는 두 삼각형의 밑변과 높이 사이에는 (6-x):x=x:(12-x)라는 비례관계가 성립된다. 즉 x의 제곱=(6-x)(12-x)=72-18x+x의 제곱. x=72÷18=4.

126) 【역주】다음과 같이 풀이할 수 있다. (95-7)×53÷3+95=1,649,6666=164장 9척 6과 2/3촌.

127) 西晉 초기의 수학자, 魏 元帝 때 「구장산술주」를 지었다.

128) 유휘의 「九章算術注」序文에 보이는 피타고라스 정리를 이용한 측량법.

곧 해에서 땅까지의 거리가 된다. (이것을 나눗수로 삼아) 남쪽 기둥의 그림자 길이와 기둥 간 거리의 제곱을 나눔수로 삼아서, 나눗수를 나눔수로 나누면 남쪽 기둥으로부터 남쪽의 해 아래에 있는 곳까지의 거리가 된다. 남쪽 해 아래에 있는 곳까지의 거리와 해에서 땅까지의 거리를 (각각) 밑변과 높이로 하여 빗변을 구하면 곧 해로부터 사람까지의 거리가 된다. 지름이 1촌인 대나무 통으로 해를 바라보아서 해가 통 공간에 가득 찰 때, 대통의 길이를 높이의 비율로, 대통의 지름을 밑변의 비율로, 그리고 해에서 사람까지의 거리를 큰 삼각형의 높이로 삼으면, 큰 삼각형의 밑변이 곧 해의 지름이 된다. 높이를 재려면 重表(중표)를, 깊이를 측량하려면 累矩(누구)를 사용하고, 외떨어진 곳은 세 곳에서 바라보고, 멀리 떨어지고 또 너르게 있는 곳은 네 곳에서 바라본다.[129] 경험적으로 유추하여 나아가면 통하지 않는 것이 없다.

---

129) 중표와 누구는 중차법을 목적으로 여러 개의 막대와 곡척을 사용하는 측량술을 말한다.

부록
(附錄)

자원(字原)[1]

科斗文字[2]는 천지자연으로부터 蒼頡이 그 근원을 드러내고 분별
하여 書契[3]가 만들어짐으로 말미암아 結繩[4]으로 政令의 부호를 줄
이니 시정의 요괴가 밤에 울고 하늘의 곡식이 낮에 떨어졌다. 斗는
세상에서 蚪로 쓴다.

科斗는 두꺼비(올챙이)이다. 글자의 모양이 이것과 유사하여 蝌蚪

---

1) 글자의 근원. 문자에 관한 학문을 논의함으로 육예의 뒤에 덧붙여 학문을 준비하는
   사람이 참고하기 위한 것이다.
2) 전서 이전에 사용했던 가장 오래된 글자의 한 체. 글자의 획 모양이 올챙이 같다고
   하여 이르는 말.
3) 중국 태고의 글자.
4) 새끼를 매듭지음.

文字라고 한다. 창힐이 만든 것으로 글자의 근본은 모두 5340자인데 이로부터 불어나서 점점 많아졌다. 상고에는 結繩으로 다스렸지만, 후세에 성인이 書契로 바꾸면서 부절을 맞추듯이 꼭 맞게 되었다. 아마 나무에 새겨서 그 분명하지 않은 것을 기록함으로써 일을 간략하게 했을 것이다. 『淮南子』·「本經訓」에 "창힐이 글자를 만들자 하늘에서 곡식(좁쌀)을 내리고 귀신이 밤에 울었다"라고 하였다.[5]

高誘[6]는 "서계가 만들어지자 詐僞[7]가 많이 생기고, 근본을 버리고 말절을 추창하며, 농사짓는 일을 버리고 아주 작은 일에 힘쓰니, 하늘이 장차 굶주릴 것을 알았다. 그러므로 하늘에서 비를 내리어 곡식이 되게 하고 귀신이 추궁하여 조사받을 것을 두려워하여 곡을 하였다"라고 주석하였다.

상고에 아직 붓과 먹이 없을 때는 대나무 목편을 옻칠에 담가서 그 목편에 글자를 썼다. 옻칠이 반드르르하고 대나무가 단단하여 자획이 뜻대로 되지 않아 머리는 조잡하고 끝은 가늘게 되는 것은 자연스러운 이치였다. 後人들이 받들고 본받아 자획을 예쁘게 하고 모양을 그럴듯하게 하여 그 시초를 조사해 보니 서로 떨어짐이 멀었다. 桼은 漆로 쓰는 것은 잘못이다.

---

5) 창힐이 처음 문자를 만들었을 때 이것이 길한 일인지 흉한 일인지를 알지 못했다. 또 백성들이 이로 인하여 근본을 버리고 지엽을 추구하며 사기를 쳐서 남을 속이고 농사를 짓지 않는다면 결국 양식이 부족하여 모든 사람이 굶주리게 될지도 몰랐기에 하늘은 이를 슬퍼하여 좁쌀을 뿌려 사람을 구하려고 하였으며 귀신은 밤마다 통곡하였다고 한다.

6) 고유. 後漢 靈帝와 獻帝 때의 학자. 『회남자주』를 저술함.

7) 속이는 일.

옻칠로써 글자를 쓰기 때문에 漆書라고 한다.

史籒8)가 篆字를 처음 만들었기 때문에 명칭을 바꾸어 籒文이라고
도 한다.

주나라 선왕의 太史를 籒라고 한다. 그가 아동들을 가르칠 때 처
음으로 『大篆』 15편을 지었는데 고문과는 차이가 있다.

李斯의 소전은 대전(주문)의 2分은 변개시키고 8分은 취하여 간략
하게 만든 것이다.

소전이라는 이름이 있게 됨에 따라 주문을 대전이라고 한다.

목간의 문서를 살펴보면 번거로워 전서를 사용하기에는 실로 어
려워 정막(程邈, B.C, 240?~B.C. 207?)이 대전의 2분을 감하여 줄임
으로써 簡易하게 하여 노예(노복)를 다루기에 편리하여 그 이름이
隷가 되었다. 글자의 획이 참으로 곧아서 마침내 세상에 행하여졌다.
그리하여 고문은 이로 말미암아 없어지기 시작하였다.

정막의 字는 元岑이며, 처음에는 獄吏였는데 죄수에게 비방을 당
하여 옥에 갇히게 되었다. 이에 옥중에서 소전을 쉽게 고치어 자획
이 적은 것은 늘리고 많은 것은 줄이며 네모진 것은 둥글게 하고 둥
근 것은 네모지게 하였다. 진의 시황제가 칭찬하여 옥에서 나오게
하고 御史9)로 삼았다. 그 글자가 簡易하여 노예를 관리하기에 편하

---

8) 사주, 주 선왕 때의 태사. 古文을 고쳐 大篆을 만든 사람으로 대전을 일명 籒文이라
고도 한다.

여 隸書라고 부른다. 근세에 八分[10]을 예서라고 하는 것은 잘못이다. 정막의 글자가 古帖에 보이는 것은 楷字이며, 庾肩吾[11] 또한 예서는 곧 지금의 正字라고 하였다.

[부주] 정막이 전서를 개변하여 만든 예서는 곧 古隸이며 王次仲[12]이 또 古隸를 八分으로 변개한 지금의 楷字는 또한 고예를 조금 변개한 것이다. 또 금예와 고예의 자취에 뛰어난 것은 오히려 드물다. 漢晉 시대에 永字八法[13]이 있었는데, 側(측),[14] 勒(늑),[15] 努(노),[16] 趯(적),[17] 策(책),[18] 掠(약),[19] 啄(탁),[20] 磔(책)[21]을 말하며 한 글자로써 모든 글자를 쓰는데 통할 수 있다고 하지만 고법에는 없었다. 팔법이란 곧 蔡琰[22]이 衛夫人에게 전해주고, 아름답게 王曠[23]에게 전수하고, 王曠이 王羲之(307-365)에게 전수하였다.

八分이란 書體는 초서도 아니고 예서도 아니며, 體勢와 波磔[24] 두

---

9) 百官의 糾察을 맡은 벼슬.

10) 隸書와 篆字를 절충하여 만들었는데, 예서에서 二分, 전자에서 八分을 땄기 때문에 붙여진 이름이다.

11) 남조 양나라 때의 시인, 서예가. 字는 子愼 愼之. 저서로 『書品』 등이 있다. 『장자』·「소요유」 편에 보임.

12) 후한의 서예가, 해서의 창제자로 알려짐.

13) 永이란 글자 하나로써 모든 글자를 쓰는데 공통되는 8가지 운필법. 晉나라 왕희지가 발명한 것이라고도 하고, 혹은 그가 衛夫人에게서 교시를 받았다고도 하며, 또 한나라 蔡邕의 창의라고도 한다.

14) 점.

15) 가로획.

16) 세로획.

17) 갈고리.

18) 오른쪽 치킴.

19) 긴 왼쪽 삐.

20) 짧은 왼쪽 삐침.

21) 파임.

22) 후한의 여류 시인, 177-239, 字는 文姬.

23) 왕희지의 父.

24) 물결 모양의 파임.

가지가 구비된 것이다. 두 王次仲은 다른 시대 사람이지만 뜻은 같
았다.

秦나라에 왕차중이 있었고, 한나라 靈帝 때에도 왕차중이 있었다.
모두 八分書를 지었다. 蔡琰(채염)[25]은 '나의 아버지 채옹은 정막의
예자에서 팔분을 가르고 이분을 취하든가, 이사의 전서에서 이분을
가르고 팔분을 취하면 이에 팔분서가 되는데 어느 것이 옳은지 자세
히 알지 못하겠다'라고 말하였다. 한나라의 石經[26]은 곧 채옹의 팔
분서로 새긴 것이다.

行書의 서체는 반은 草書이고 반은 眞書(楷書)인데, 누구로부터
일어났는지는 모르겠다.

> **[부주]** 송나라 政和 初(북송 徽宗, 1111-1117.)에 洛陽의 王壽卿의 『敍古物器銘볼』에
> 서 "전서(소전)와 주문(대전)을 구분해 보면 예서가 어찌 禮를 본받는 선비가 아
> 니겠는가? 모범적인 행서와 날아갈 듯한 초서는 다만 游俠의 무리뿐만이 아닌
> 가?"라고 기술하였다.

또 (다른) 草字가 있는데 또한 상고할 수가 없고 章帝(후한의 황
제, 75-88 제위)가 좋아하였기 때문에 章草[27]라고 하다.

한나라 성해지면서 초서가 생겼는데 지은 자의 성명을 알지 못한
다. 장제 때에 이르러 杜伯度, 崔子, 玉善의 초서를 황제가 좋아하여
上表를 올리라고 명하였다. 章奏(上書)한 자가 또한 초서로 써서 章

---

25) 후한 말의 여류 시인, 字는 文姬. 채옹의 딸.
26) 한 영제 때 채옹이 朝命을 받들어 오경을 돌에 새겨 대학의 문밖에 세운 것.
27) 행서와 초서의 중간이 되는 서체.

草라고 부른다. 한편에서는 후한 明帝 永平(493년)에 황제가 역마에게 명하여 尺牘[28] 10편을 초서로 쓰라고 하고 장제가 좋아하였다고 한다. 또 하나의 說은 杜度와 張芝(?~192?)가 전서의 서법에 능숙하여 처음으로 기록된 문서를 빠르게 베껴 쓰니 이것이 유행하여 본보기가 되면서 章草라고 일컫는다고 한다.

○ 蘇東坡는 "眞書(楷書)는 행서를 낳고, 행서는 초서를 낳았다. 진서는 서 있는 것 같고 행서는 움직이는 것 같으며 초서는 달리는 것 같다. 아직 설 수도 없는데 움직이거나 달릴 수 있는 것은 없다"라고 하였다.

○ 慈湖 楊先生의 『跋汪逵古字碑刻』에 "正學[29]이 밝지 못함으로부터 士夫[30]가 放逸로 일삼으니 이에 草聖[31]의 이름이 나왔다. 세속사람들의 입에 명성은 오르내려도 옛 성현이 만든 것을 모르고, 漢나라 晉나라 이후로는 속세를 떠나 세상일에 상관하지 않음에 젖어 제멋대로 깊고 큰 것에 빠져 스스로 그것이 잘못인 것을 알지 못하게 되었다. 그 字畫과 詞章에 대한 논의를 모두 스스로 간략하게 하고 균일하게 다스리니 날로 어지러움은 적어졌지만 날로 슬픔은 많아졌다. 또 小學에 능통한 사람들은 王右軍(王羲之, 321-379)[32]을 으뜸으로 익힐 것으로 추존하고 자세히 조사하여 명료하게 알고 아름다움을 즐거워하니 칭찬할만하다. (그러나 초서에는) 엄숙함과 中正[33]이 없으며

---

28) 편지.
29) 올바른 학문.
30) 사대부, 청소년.
31) 초서의 명필.
32) 동진의 서예가, 벼슬이 우장군에 이르러 세인들이 왕우군이라 일컬음.

타고난 성정에 三代의 기상이 없으니 오늘날의 글자에는 이름이 높은 사람은 많으나 고문에는 대대로 깨달음이 없다. 고문이 한 번 변하여 전서가 되고, 전서가 한 번 변하여 예서가 되고, 예서가 또 변하여 해서가 되었다. 해서에 이르러 다시는 변하지 않으면서 대대로 해서를 쓰는 자는 그사이에 어떤 이는 세속을 떠나서 마음 상태가 제멋대로인 사람들도 있다. 이제 飄逸(표일)34)과 마음 상태가 제멋대로인 것을 버릴 수 있으면 곧 바람직하다. 내가 감히 상제의 명을 받들어 천 년 전부터 내려오는 고치기 어려운 병폐에 침을 찔러서 그 性癖의 형세가 바야흐로 성하게 되는 것을 한꺼번에 넘치지 못하게 하며, 무리가 줄지어 늘어서서 믿고 의지하여 두려움이 없는 자에게는 천하 만세를 들어 인심이 본래 선하다는 것을 모두 알게 하려고 한다. 근본이 바르고 다스려지면 근본을 밝히어 放逸함이 없게 되며, 근본이 堯·舜·禹·湯·文·武·周公·孔子의 도와 같아지고 천지와 더불어 같게 된다. 俗習이 비록 深痼할지라도 그 근본이 있는 사람이 겉으로는 뚜렷이 나타나지 않아서 무게가 있어 보이지 않는다고 어찌 心中에 느낌이 없겠는가?"라고 하였다.

[부주] 성인이 문자를 제작한 것은 전서가 근본이었는데 程邈에 이르러 예서로 변하여도 깊이 古意35)를 간직하였으나, 이제 예서는 오히려 익숙하게 되어 빠른 걸음으로 만세의 본보기를 후세에 전할 수 있게 되었다. 漢나라 晉나라 이후로 어떤 사람은 제멋대로 글자의 모양을 더하고 덜어서 변화시켜 筆劃(字畫)이 迷失되고 근본이 참으로 英華만을 힘쓰고 高致36)가 되었으며, 晉에 이르러서는 후학에게 잘못을

---

33) 치우치지 않고 바름.
34) 표연히 세속을 떠나 세상일에 상관하지 않음.
35) 예스러운 정취.

남겨서 진실로 정막을 당황하게 하는 죄인이 되었다. 世俗이 衰殘해지고 淺薄해지는 것이 어찌 이것과 관계가 없겠는가? 하물며 또 草書를 만들어 義理를 끊어 없애어 輕薄한 선비들이 기이한 노리개로 여기며 다투어 익히며 그러고도 耳目의 요망함을 알지 못하니 端厚한 君子는 진실로 감히 하지 못한다.

飛白의 서체37)란 蔡邕에서 비롯된 것인데, 대대로 즐기고 좋아하여 세상에 전해져 끝이 없다.

白은 또 帛으로도 쓰는데, 글자가 마치 帛(巾+白)의 형상과 같다. 그러나 白의 字意가 늘어남을 따른 것은 아니다.

○ 蔡邕은 役人들이 堊帚(악추)38)로 글자를 완성하는 것을 보고 마침내 飛白書를 만들었다. 위나라 張敬禮는 隱居하며 배우기를 좋아하여 홀로 채옹의 서체를 모범으로 삼아 그 오묘함을 다 갖추었다. 梁 武帝는 蕭子雲(487-549)39)에게 "채옹은 飛而不白하며 왕희지는 白而不飛하다. 飛와 白의 사이는 卿이 어림쳐서 헤아림에 있다"라고 하며 이에 소자운에게 飛白이라는 큰 글자를 壁에 쓰게 하였다. 당나라 張延賞이 보고 좋아하여 취하여 낙양으로 돌아와 張諗(장심)에게 주었다. 張諗이 정자에 늘어놓고 簫齋(소재)라고 불렀다. 唐의 太宗과 高宗, 宋의 太宗과 眞宗이 모두 비백서를 잘 써서 여러 신하에게 下賜하였다.

---

36) 고상한 취미.
37) 후한의 蔡邕에서 비롯한 서체의 하나. 八分과 비슷한데, 速筆로 힘차게 획을 긋기 때문에 필적이 마치 빗자루로 쓴 것처럼 보인다.
38) 미장이가 벽 따위를 바르는데 쓰는 솔, 풀비.
39) 남조 양나라, 서예에 조예가 있어 초서와 행서, 소전에 능했다.

글자는 어느 것이 開祖가 되는가? 蝌蚪(科斗)文字가 가장 오래된 고문이다. 주문(=대전)과 전자(=소전)은 아마 그 아들과 손자이겠고 예서와 초서 같은 것은 그 증손과 고손일 것이다.

晉 衛恒(? - 291)[40]의 『四體書勢』에 이르기를 "이사는 『창힐 편』을 지었고, 양웅은 『훈찬 편』을 지었으며, 賈魴은 『滂喜 篇』을 지었는데 이것을 三蒼[41]이라고 하며 모두 3권이다. 賈魴은 삼창의 글을 모두 예서체로 씀으로써 隸字가 비로소 널리 퍼지자 주문과 소전은 점점 쇠미해졌다"라고 하였다.

여러 현인이 글자를 만든 것은 이미 다 앞에서 설명하였고, 이어서 거듭 말한 바 한 사람이 한 것이 아니다. 『설문해자』는 허신(字는 叔重)이, 飜切은 叔然[42]이, 沈約(441-513)[43]은 『韻略』을, 顧野王(519-581)[44]은 『玉篇』[45]을 지었다. 字學[46]은 이에 이르러 자못 모두 합쳐서 엮어 만든 책이 되었다. 그러나 그 저술에 하자가 없는 것은 아니다.

---

40) 서진. 抄書와 章草, 예서와 散隸에 능함.
41) 字書의 총칭.
42) 孫炎의 字, 삼국시대 위나라의 학자. 反切注音의 시초인 『爾雅音義』가 편찬되면서 위진 시대에 널리 사용됨.
43) 양나라의 문인, 시호가 隱이므로 隱侯라고도 함.
44) 南朝 梁, 陳의 학자, 字는 希馮. 玉篇을 저술함.
45) 고야왕이 엮은 30권의 한자 字典, 수록 자수는 16,917. 후에 唐의 孫强이 증보하고, 宋의 陳彭年 등이 重修한 이래 세상에 널리 퍼짐. 이 책은 양무제 大同 9년에 완성되었고 원서는 지금 잔본만 남아있고, 청나라 黎庶昌의 영인본이 전한다.
46) 글자의 근원, 구성, 원리, 體, 音, 義 등을 연구하는 학문.

후한의 허숙중(허신, 58?-147?)은 『설문해자』를 저술하고 그 自序에서 "나는 篆文을 敍述하여 고문과 주문을 합하여서 그 『說文』을 상고하여 지었는데 분류에 따라 나누니 모두 14편 540부이다. 그 머리를 세움에 一部를 실마리로 삼고 늘리고 펴서 만 가지 원리를 궁구하여 모두 亥部 540으로 마쳤다"라고 하였다. 그때가 (後漢) 和帝 永元 庚子년(A.D.100년)이다. 安帝 建光 元年(121년)에 이르러 愼의 아들 冲이 진헌하였다. 孫炎[47] 또한 후한인으로 『이아음의』를 지어 처음으로 반절을 썼다. 沈存中(沈括, 1031-1095, 북송)은 '반절의 학문은 본래 西域에서 나와서 한유 訓字 止가 말하는 厶(모) 자를 未와 用의 반절로 읽는 것 같은 것이다'라고 하였다. 그러나 古語에 이미 두 소리를 합하여 한 글자가 되는 것이 있었다. 서역에서의 두 소리를 합한 한 글자의 음은 아마도 반절의 근원일 것이다. 音韻[48]이 展轉하여 통용되는 것(叶韻)[49]을 反이라고 하고, 두 글자가 서로 닿음으로써 聲韻을 이루는 것을 切이라고 하는데 그 방법은 하나이다. 南朝의 梁나라 沈約(441-513)[50] 隱侯는 『韻略』을 찬술하였는데 나름대로 畛略[51]이 있다. 顧野王 希馮(519-581)[52]은 梁大 武帝 大同 9년(543)에 옥편을 찬술하여 『說文』이 두 部를 중시한 것도 또한 一로 시작하여 亥로 마침을 보여 주었다. 그러나 部目의 이합이 서로

---

47) 위나라의 경학가, 자는 叔然. 『爾雅音義』를 지어 처음으로 反切을 썼다.

48) 半切字의 상하 2자에서, 밑의 자를 韻字라 하고, 위 글자를 음子라고 함.

49) 어떤 韻의 문자가 다른 운에 통용됨.

50) 자는 休文, 시호는 隱, 音韻에 밝음. 『沈隱侯集』 2권이 있음.

51) 근본과 大略.

52) 字는 희풍. 훈고학에 정통하여 고금 문자의 형체와 훈고를 수집하고 고증하여 16,017자를 540부로 구분한 『玉篇』을 저술하였다.

같지 않음이 있다.

   ○ 소동파는 "학자에게 『說文』이 있음은 醫家에 『本草』가 있음과
      같다"라고 하였다.

   글자를 구하는 방법은 形聲[53]을 근본으로 삼는다. 一(部)로 시작
하여 亥(部)로 마침은 아마도 모양을 근본으로 삼은 것일 것이다.
『説文』과 『玉篇』이 같다.

   東으로 시작하여 法[54]으로 마침은 아마도 소리를 근본으로 삼은
것일 것이다. 『韻略』과 『廣韻』이 같다.[55]

   글자에는 四聲이 있는데, 平聲은 낮고 順平[56]한 소리이고(哀而安),
上聲은 처음은 낮고 나중이 높은 소리이며(厲而擧), 去聲은 처음은
높고 끝은 낮아지는 소리이고(淸而遠), 入聲은 짧고 빨리 거두어들
이는 소리이다(直而促).

   글자마다 五音에 속하는데, 角音은 혀를 오그라뜨려 뒤집어서 내
는 소리이고, 徵音은 혀가 이를 떠받쳐서 내는 소리이며, 宮音은 혀
가 입안의 중간에 있으면서 내는 소리이며, 商音은 입을 열고 길게
내는 소리이고, 羽音은 입을 모으고 내는 소리이다.

   글자는 五方의 차례를 따르는데, 동쪽은 코이고, 서쪽은 腎이며,
북쪽은 목구멍이며, 남쪽은 이(齒)이다. 중앙은 宮이며. 土는 舌理[57]

---

53) 모양과 소리.
54) 【역주】法은 韻首가 아니며 乏의 오자인 듯 보인다.
55) 『廣韻』 - 隋나라 陸法言이 지은 韻書, 원이름은 『切韻』. 唐 孫愐이 干定하고 『唐
    韻』이라 개명하였으며, 宋 眞宗 때 重修한 후 『大宋重修廣韻』이라는 이름을 하사
    하였다. 현존하는 韻書 중 오래된 것임. 206부로 분류하였다.
56) 높낮이가 없는.
57) 혀의 도리.

에 속한다. 舌에는 文理가 있다.

[부주] 音은 오행의 분류가 있는데, 코는 나무에 속하고 角音이며, 입술은 金에 속하고 商音이며. 이는 火에 속하고 徵音이며, 목구멍은 水에 속하고 羽音이며, 혀는 土에 속하고 宮인데 宮은 중앙이다. 그 본성이 둥글고 그 소리가 마치 소가 움집 속에서 울며 主合함과 같은 것은 商聲이 나타난 것이다. 그 본성이 바르고 그 소리가 마치 양이 무리와 떨어져 자기의 의견을 내세움과 같은 것은 角聲이 닿은 것이다. 그 본성이 곧고 그 소리가 닭이 나무 위에서 울며 용기를 주로 하는 것과 같은 것은 徵音이 머무른 것이다. 그 본성이 밝고 그 소리가 마치 돼지가 짐을 지고 놀라서 나뉨을 주로 하는 것과 같은 것은 羽音이 덮은 것이다. 그 본성이 젖어 사물을 적시고 그 소리가 마치 새가 들에서 울며 옥을 토하는 것과 같은 것은 宮聲이 □한 것이다.58)

문자를 계속 유지하면 그 수가 바뀔 수 있으며 늘려 사용하는 이치는 끝이 없다. 세상을 돕는 참된 이치는 천지자연의 이치와 같은 길이다. 아! 세상 사람들이 공경하지 않을 수 있는가!

徐鉉(917-992, 북송)59)은 "八卦가 이미 그려지면서 萬象이 이미 구분되었으니 문자는 五輅(오로)60)가 되었으며 典籍은 六飛61)가 되었다. 선왕의 교화는 百代에 행하여지는 것이니 사물에 미치는 공과 조화는 모두 소홀히 할 수 없다"라고 하였다.

○ 내가 살펴보니 『설문해자』의 문자의 수 모두 9,353자는 대부분 古文이다. 당나라 현종이 스스로 이르기를 '천자는 문자를 상고할 수 있으니 이에 學士62)를 불러서 오경을 고쳐 『논어』와 『맹

---

58) **【역주】** 필사본, 목판본 모두 玉吐 뒤에 두 글자가 빠져있다. 앞의 문맥으로 보아 '宮□'인데 뒤의 한 글자의 뜻이 미상함.

59) 시문에 능하고 문자의 훈고에 정통함. 설문해자를 다시 교정하고, 『文苑英華』의 편찬에도 참여함.

60) 천자가 타는 다섯 종류의 수레.

61) 천자의 수레를 끄는 여섯 필의 말, 飛는 빠름을 형용한 말. 六轡라고 쓰어 있음.

자』의 문자와 일치시켜 배우는 사람들이 읽기에 편하게 할 수 있다'라고 하였다. 이로 말미암아 俗字[63)]가 뒤섞여 識者들이 근심하였다고 생각한다.

○ 주자는 "字畫과 音韻은 經 가운데의 가벼운 일이다. 先儒들은 그 대강을 얻어 대부분 留意하지 않았다. 그러나 이런 것들을 알지 못하고 理會하지 못하며 오히려 한없이 세월을 보내며 詞說에 매이고 보태어 마침내는 그 본의를 얻지 못하니 또한 일을 해침이 심하다"라고 하였다. 이제 周伯琦(1298-1369)[64)] 또한 "글자를 분별할 수 없으면 책을 읽을 수 없고, 책을 읽을 수 없으면 이치를 밝힐 수 없으며, 이치를 밝힐 수 없으면 修己治人과 말을 서로 주고받음과 모든 변화에 어그러지지 않음이 있겠는가? 이에 군자는 博文을 중히 여기며 約禮를 귀히 여긴다"라고 하였다.

---

62) 국가의 전례, 편찬, 찬술 등을 맡음.
63) 세상에서 통속적으로 쓰이는 자획이 바르지 않은 한자.
64) 자는 伯溫, 『說文字原』, 『四體天文』 들의 저술이 있다.

발원(發原)

『주례』·「지관」·保氏에 "道로써 國子[1]를 기르고 이에 六藝로 가르친다. 그 하나가 五禮이고 둘이 六樂이며 셋이 五射이고 넷이 五御이며 다섯이 六書이고 여섯이 九數이다"라고 하였다.

鄭剛中은 "먼저 道로써 기른 후에 가르치는데 예악의 대략으로 말미암아 예악의 근본에 통달하여 활쏘기를 배움으로써 안으로 뜻을 바르게 하고 밖으로 몸가짐을 곧게 하여 白矢와 參連의 법을 체득한다. 어거하는 기술을 배움으로써 거마를 빨리 모는 방법을 잃지 않아 정도에서 어긋나지 않으며 鳴和·鸞逐·水曲의 법을 체득한다. 육서를 배움으로써 형상을 본뜨고 둘 이상의 글자를 합하여 한 글자를 만들고 또 그 뜻을 합성하여 도덕과 성명의 이치에 머무는 것을 안다. 九數를 배움으로써 방전·속미와 그 천지 晨星에 해당하는 묘미를 안다. 어찌 한 가지 기예의 말절에 머물 뿐이겠는가?"라고 하였다.

주자는 "옛사람들은 모두 소학으로부터 배움을 바르게 함으로써 나이가 들어서 모두 힘을 소비함이 없었으며, 禮樂射御書數와 같은 대강은 모두 배워서 재주가 뛰어났다. 더 이상 큰 구분이 없이 배움은 다만 사리를 깊이 연구하여 깨달아 알고 지식을 궁구하여 사물의 이치에 통달하는 공부인데, 지금은 얼이 빠져서 부족한 것을 메워

---

1) 공경대부의 자제.

채우려고 하니 참으로 어렵게 되었다. 다만 모름지기 엄숙히 삼가고 성실하게 그 기본을 세워 사물에 순응하여 이치를 깨달아 알고 도리를 기다려야만 한다. 이에 뜻의 정성스러움과 마음의 바름에 환히 통하여 요점에 나아가 몸으로 깨달아 알거나 주선하여 깨달아 알게 되면 예·악·사·어·서·수는 이제 쓰일 바가 없겠는가? 어거하는 기술은 예·악·사·서·수와 같은 것이니 이는 사물의 이치를 깨달아 아는 것에 합당하니 모두 절실하게 쓰이는 것이다"라고 하였다.

또 (주자는) "사람이 뛰어난 기상도 없이 오로지 비루함에 안주하면서 높은 데를 말하기에는 충분치 않다. 그런 사람이 혹 있더라도 바로잡지 아니하면 도리어 제멋대로 하게 되어 즐거이 겸손한 마음으로 배우고자 하지 않는다. 이것이 배우는 자들의 공통된 병폐이다. 따라서 옛사람들이 가르침을 세우면서 물을 뿌리고 비질을 하며 윗사람의 부름에 응하고 물음에 대답하는 일(灑掃應對)과 나아가고 물러서는 예절(進退之節)과 예·악·사·어·서·수의 학문으로부터 시작하여 반드시 (교만한) 마음이 일어나지 못하게 하고, 머리를 숙여 그 안에서 마음과 힘을 다하게 하여 소홀히 하지 않고자 하였다. 그런 후에야 마음이 차분하게 가라앉지 않음과 고집이 세어 남에게 굴하지 않는 기질을 닦아서 없어지게 할 수 있으며 덕을 닦는 길이 된다"라고 하였다.

眞氏는 "주나라가 쇠하여지면서 예악이 붕괴하였다. 그러나 禮書가 오히려 남아있어서 제도와 법도가 더하여져 숭상되었음을 상고하여 찾을 수 있다. 樂書는 없어지고 일부분이 망그러져 남아있지 않아 후세에 예를 행하는 자가 선왕들의 제도에 들어맞을 수가 없음이 음악이 가장 심하다. 지금 세상에서 쓰이는 것은 대개 정나라와 위나라의 음란한 음악에 夷狄의 가락이 뒤섞인 것일 뿐이니 다만 인심을 방탕하게 하고 풍속을 무너지게 할 뿐이니 어찌 보탬이 될 수 있겠는가?"라고 하였다.

京山 程氏는 "사람들에게 글자를 만든 까닭을 알게 함은 터무니없이 글씨를 베껴 쓰고 글자의 왼쪽 부분인 변과 오른쪽 부분인 방을 알게 하려는 것이 아니다. 옛사람은 글자와 문장을 같게 하려고 하였으나 지금 사람은 일찍이 깨달아 알려고 하지 않고 다만 터무니없이 베낄 뿐이다"라고 하였다.

주자는 "옛사람은 도에 뜻을 두고 덕을 굳게 지켰으며 藝에서 노닐었다. 그러나 九數가 비록 가장 지엽적인 일인 것 같으나 지금 經界를 시행하는 데에는 算法이 또한 유용하다"라고 하였다.

어떤 사람이 "옛사람이 처음 배우는 자들에게 算數의 말절을 분별하게 함은 아마도 심술에 방해가 될 것 같은데, 어찌 방자한 마음을 정제하고 덕성을 함양하겠는가?"라고 물으니 정자는 "이것은 일로써 가르치는 것으로 어린아이에게 다른 것을 가르침은 기쁨이 배우는 데에 있지, 다른 일에 마음을 두지 않게 하려는 것이다. 지금 사람들은 일찍이 배우지 않고 다른 날(이전, 혹은 後日)에 일을 벌이고 있으니 이런 것들의 일은 깨달음을 얻을 수 없다"라고 하였다.

易氏는 "數學은 비록 藝가 이루어진 다음의 일이지만 진실로 形而上[2]의 도리가 있으니 덕행으로 가득 채우면 천하의 완전한 재능을 갖춘 선비가 된다"라고 하였다.

戴氏[3]는 『六書故通釋』에서 "글은 소리에서 나온 것이다. 소리가 있고 난 후에 글로써 드러내 보이면서 뜻과 소리가 함께 이루어진다. 글에서 이루어지지 않으면 백성의 근본은 상고할 수 없다. 이치로써 생각해보면 (글자가 있기 이전의 세계에서는) 머리를 풀어헤치고 벌거벗은 모습으로 쳐서 죽이고 가죽을 벗기며 잡아당겨 찢어서 마시고 먹고 있었으니 그 기질이 아직 금수와 같아 부드럽지가 않으며 그 앎이 아직 어린아이와 같아 깨우치지 아니하고 겨우 소리 내어 부르면서 미워하고 기뻐하며 노하는 감정을 서로 고하고 알릴 뿐이었다. 점점 앎이 더하여진 연후에 차츰 이름 지어 부를 수 있게 되고 사물이 있으면 그것을 불러내는 소리가 점차로 갖추어졌지만, 문자는 아직 일어나지 않았다. 그 유별하여 정돈함이 더욱 번성해지면서 명백히 하지 않을 수가 없었다. 그런 후에 結繩문자가 만들어졌다. 다스림이 더욱 繁雜해지고 공교로운 거짓이 더욱 滋生함으로 대나무와 나무에 글을 새겨 표시하였다. 지금 오랑캐와 시골에서 문자를 모르는 자들이 여전히 간혹 이른바 契文[4]을 사용하는데, 계문은 변화를 다 표시할 수가 없다. 이에 사물을 본뜬 形과 일을 가리키는

---

2) 형체가 없어 감각으로는 파악할 수 없고, 오로지 직관에 의해서만 포착되는 관념적인 것.
3) 戴侗, 송말 원초, 호는 合溪.
4) 계문, 甲骨文字.

狀으로 글을 새겨서 사물의 이름에 걸맞게 함으로써 簡牘5)과 刀筆6)
이 일어났다. 이른바 글이란 象形과 指事로는 일의 변화까지 다 나
타낼 수 없으며 轉注와 會意로써 보태지만, 여전히 충분하지 않다.
(더 이상 글자를) 취할 방법이 없으면 소리에서 취할 수밖에 없다.
그러므로 각각 그 형상에 따라 판별하고 그 소리를 고른다. 나무의
모양으로 견줄 수 있는 것으로는 松이나 栢과 같이 구별하여 모두
나타낼 수는 없다. 그러므로 公을 빌려서 松의 소리에 맞게 하고, 白
을 빌려서 柏의 소리에 맞게 한다. 물의 형상으로 견줄 수 있는 것으
로는 江과 河와 같이 구별하여 모두 나타낼 수는 없다. 그러므로 工
을 빌려 江의 소리에 맞게 하고, 可를 빌려서 河의 소리에 맞게 한
다. 이것이 이른바 諧聲이다. 이상의 다섯 가지(상형, 지사, 전주, 회
의, 해성)로도 오히려 일의 변화를 다 나타낼 수 없으므로 假借로써
두루 통하게 한 이후에 문자의 공능이 갖추어졌다. 육서의 이치는
비록 같지 않지만 모두 形聲일 따름이다. 육서는 오로지 성인이 만
든 것이 아니다. 五方7)의 백성들의 언어가 같지 않고 명칭이 같지
않으며 문자가 한결같지 않아 서로 통하지 않으니 성인이 처음으로
덕이 높은 瞽8)에게 명하여 사물의 명칭과 소리를 적합하게 하였으
며, 史9)에게 명하여 그 문자를 같게 하여 번거로운 사투리를 바로잡
게 하고 그 중요한 뜻을 하나로 하게 하였을 따름이다. 글자와 소리
의 본보기는 聲氣10)의 울림이다. 기운이 있으면 그 소리가 있고, 소

---

5) 竹木에 새긴 문서.
6) 대쪽에 글씨를 쓰고 잘못 쓴 글씨를 깎아 내는 것, 서기의 사무.
7) 중국과 사방에 있는 이적의 나라.
8) 고. 太師로서 임금 곁에서 誦詩와 諷諫하는 일을 맡은 벼슬.
9) 太史로서 天文을 맡은 벼슬.

리가 있으면 그 글자가 있다. 소리와 글자는 비록 사람에게서 나왔을지라도 그 각각에는 자연의 징조가 있다. 그 모양과 소리가 있는 것이 있고, 그 일과 소리가 있는 것이 있으며, 그 뜻과 소리가 있는 것이 있다. 모양이 있고 소리가 있는 것은 그 모양을 본떠서 소리가 그것을 따라 모양으로부터 그 뜻을 구할 수 있다. 사물과 소리가 있는 것은 그 사물을 가리켜서 소리가 그것을 따라 일로부터 그 뜻을 구할 수 있다. 뜻과 소리가 있는 것은 그 뜻을 모아 소리가 그것을 따라 일로부터 이치를 구할 수 있다. 이 세 가지는 비록 소리로부터 구한 것은 아닐지라도 그 뜻을 잃은 것이 아니다. 諧聲에 이르러서는 소리가 아니면 뜻을 변별할 수가 없다. 비록 그렇지만 해성은 여전히 근본이 된다. 사람에 비유하면 비록 그 이름은 모르지만, 여전히 그 姓은 알 수 있으며, 비록 그 상세함은 살피지 못할지라도 오히려 그 大略을 잃지 않음과 같다. 假借에 이르러서는 모양으로써 구할 수도 없고, 사물로써 가리킬 수도 없으며, 뜻으로써 모을 수도 없고, 무리로써 전할 수도 없으니 바로 저것의 소리를 빌려서 이것의 소리로 삼은 것일 뿐이다. 귀가 그 소리에서 구하면 찾고 그 글자에서 얻어 구하면 의심쩍으니 알지 않을 수 없다. 書法에 관한 학문이 이미 폐하여져 장구에만 구애되어 대의에 통하지 아니하는 선비들이 말로 인하여 뜻을 구하는 것은 알지만 글자로 인하여 도리를 구하는 것은 알지 못한다. 훈고에 얽매인 선비들은 글자로 말미암아 도리를 구하는 것은 알지만 소리로 말미암아 도리를 구하는 것은 알지 못한다. 문자의 쓰임은 해성보다 넓은 것이 없으며, 가차보다 변

---

10) 소리의 기운.

해가는 것은 없다. 글자로 말미암아 도리를 구하면서도 소리로 인하여 도리를 구하는 것을 알지 못하니 나는 그들이 문자의 이치를 아는지 아직 보지 못했다. 『周禮』에 "아홉 살에 瞽와 史에 불러 모아書名11)을 깨우치고 聲音을 자세히 듣게 하였다"라는 기사가 있다.史가 書名을 바르게 하고 瞽는 성음을 한데 모음으로써 소리를 듣는 귀가 다스려지고 書目이 바로잡혔다. 瞽와 史가 協正12)한 이후에 듣고 보면서 다스리는 일이 사리에 어긋나지 않았다. 그러므로 속이 비고 어리석은 사람들은 일찍이 마땅히 먼저 그 소리를 서론하고, 그다음에 글자를 서술하고, 그다음에 명칭을 서술한 연후에 (문자를) 생각하여 만든 이치를 갖추어야 한다고 하였다. 소리는 모양 그 이전의 것이고, 글자는 모양 그다음의 것이다. 글자가 아니면 그 소리를 드러낼 수가 없으므로 먼저 글자가 있고 소리로써 불려 나간다. 소리는 陽이고 글자는 陰이다. 소리는 經이 되고 글자는 緯가 된다. 소리는 圓이고 글자는 方이다. 소리는 갖추어져 있지만, 글자는 충분하지 않다"라고 하였다.

---

11) 글자.

12) 협력하여 바로잡음.

후서(後序)

옛사람들은 8세에 小學에 들어가 禮樂射御書數의 법도로써
가르쳐 방자한 마음을 整齊하고 덕성을 함양하여 賢才를 만들
었는데, 향음주례의 예를 빈객으로 삼아 추천하는 시대가 쇠하
여지면서 (육예의) 가르침이 느슨해져 이 학문이 전해지지 않은
지 오래되었다. 나의 백부 藝風 先生(舒天民)이 六藝의 자료를
모아 책을 엮어 『綱目』이라 이름하고, 아이들에게 어릴 때부터
익히게 하여 덕에 나아가는 토대로 삼게 하였는데 애석하게도
세상에 행해지기 전에 세상을 떠났다. 그 아들 自謙이 (綱目을)
考訂1)하고 箋注2)하여 名公과 巨儒들이 두루 서문을 써서 表章하
였지만, 아직 간행할 수 없었다. 戊申년(1368) 봄에 내가 良學 錢
氏에게 객사를 빌려서 이 책을 보게 하니 여러 번 되풀이하여 감
탄하여 칭찬함으로써 마침내 널리 펴서 훌륭하게 이루어 낼 수
있었다. 오호라! 배우는 자들이 흰머리가 되도록 글을 써서 책을
만들어도 세상에 행해지지 않았는데 다행히 이 책은 있게 되었
다. 이제 우연히 양학 전 씨의 뜻을 만나 이 책을 갈고닦아 광채
가 나게 하였으니 스승이 되려는 사람들에게 모두 육예의 온축
을 알게 함으로써 사람들을 가르쳐 써지기를 기대하니 진실로
後學의 커다란 행운이다. 양학은 武肅의 후예이며 이에 현명하다

---

1) 古籍의 眞僞와 異同을 밝혀 訂定함.
2) 본문의 뜻을 풀이함.

고 이를 수 있다.

歲書雲日[3]

從子 廣莫山人 舒睿 彦明이 위하여 後序하다.

---

3) **書雲**이란 책에 기록할 때에 춘분, 하지, 추분, 동지의 기상에 따라 구름이 움직이는
   모양을 보고 길흉을 점쳐서 글을 쓰는 일을 말한다. 필사본에는 기록되어 있지 않
   고 목판본에만 이 네 글자가 있다.

송갑준 ──────────────

대전고등학교 졸업
고려대학교 문과대학 철학과 졸업
고려대학교 대학원(동양철학전공. 문학석사, 철학박사)
경남대학교 철학과 교수 역임(1986~2013)
現 경남대학교 명예교수.

『사단칠정론』, 『인물성동이론』,
『조선유학의 학파들』, 『자료와 해설 한국의 철학사상』,
『조선유학의 개념들』 등의 공저 외에
다수의 한국유학 관련 논문, 역저 『臨官政要』가 있음.

육예강목
六藝綱目

초판인쇄 2019년 12월 27일
초판발행 2019년 12월 27일

지은이 서천민
옮긴이 송갑준
펴낸이 채종준
펴낸곳 한국학술정보㈜
주소 경기도 파주시 회동길 230(문발동)
전화 031) 908-3181(대표)
팩스 031) 908-3189
홈페이지 http://ebook.kstudy.com
전자우편 출판사업부 publish@kstudy.com
등록 제일산-115호(2000. 6. 19)

ISBN 978-89-268-9747-8 93150